讲给孩子的
妙趣中国史 ❾

姜天一 著

天津出版传媒集团
天津人民出版社

第 **17** 章

奠定版图的清朝

237　严格的皇子教育

各位同学，大家好，我就是那个人见人爱、花见花开、车见车爆胎的姜 sir。

大家好，我就是那个负责问问题的小 Q 同学。

姜 sir：历史上，皇帝的好坏在很大程度上会直接影响整个国家。皇帝的一句话，往往可以直接改变很多人的命运，甚至是一个国家的命运。自秦始皇统一天下开始称帝，到清朝灭亡，中国出现了很多皇帝，有口碑不错的明君，也有爱折腾不靠谱的昏君、暴君。

小 Q：看过这么多朝代的故事，我已经习惯时不时就要出现不靠谱的皇帝了。

姜 sir：但清朝从努尔哈赤算起，到末代皇帝溥仪，一共出现了十二位皇帝，这十二位帝王说不上个个是明君，却没有一个是昏君，几乎都勤勤恳恳。虽然也有缺点，但没有那种昏庸无道，对国家和民众犯下许多罪行的皇帝。

小Q：这有什么特殊原因吗？

姜sir：第一，清朝吸取了明朝灭亡的教训。清朝取代明朝后，接收了不少明朝原来的大臣。这些大臣都总结：明朝灭亡和几个皇帝不务正业有关，所以清朝皇帝记住了明朝灭亡的教训。第二，清朝实行的都是高度集权的制度，所有权力都集中在皇帝和皇族手里，这种结构注定要求皇帝勤奋。第三，清朝统治者清楚，有能力有天赋的皇帝不是总有的，但修养和勤奋是可以养成的。所以清朝给皇子们安排了各种学习培训课程。

小Q：清朝的皇族学习很辛苦吗？

姜sir：皇子皇孙作为未来的统治者，他们的个人学识、能力及性格的养成直接关系到国家的兴衰。所以清朝对皇子们的教育非常重视。根据史料记载，康熙皇帝六岁时候的学习计划是这样的：每天5点钟就要起床，温习功课。7点到9点学习中国礼仪文化。9点到11点学习满、蒙、汉三种文字和文章。11点到13点是午间休息。13点到16点学习武术、弓箭、骑术。16点到18点是自习和做作业时间。

小Q：我的天哪，六岁的康熙一天要学习11个小时！

姜sir：根据记载，康熙皇帝十七八岁时，因为读书过于劳累，累到吐血。康熙皇帝曾经说过，"朕幼年读书，必以一百二十遍为率。盖不如此则义理不能淹通"。意思是小时候读书一本书要读一百二十遍，否则恐怕对书的"义理"不能理解透彻。

小Q：那等到康熙当上皇帝会不会很反感这种制度？

姜sir：康熙自己是这样解释为什么要用功学习算术的。在他年幼的时候，钦天监和西洋人测算数据的方法大不相同，互相参本弹劾，差点惹出大麻烦。以杨光先、汤若望为首的两派人马在午门外测日影，大臣中却没有一个人明白是什么原理，康熙不由得想到，如果连他也不懂的话，怎么判断别人的对错呢？于是更加发奋学习。因为有自己的成功做前例，康熙皇帝对自己的皇子们的教育也是格外严格，建立了一套系统、完善的皇子教育制度。到了康熙的儿子雍正皇帝继位时，还特别建立了"上书房"，专门用于给皇子们读书，规定皇子六岁入学，每天5点之前就要到上书房开始早读。学习内容也很多，除儒家经典外，还要学习蒙古语、满文、骑射、书画等。并且皇帝随时可能抽查皇子们的学习情况。

小Q：皇帝还要亲自检查？好严格呀！

姜sir：我们现在有双休日、法定节假日，清朝的皇子们几乎全年无休。只有大年初一、端午节、中秋节、皇帝生日或自己生日等特殊的日子，才能休息一天。这些皇子如果完

不成作业,被罚写、罚站、罚不让吃饭是经常的事情。对皇子们来说,地球不爆炸,他们不放假;宇宙不重启,他们不休息。

小Q: 好恐怖啊!我都跟着冒冷汗了!

姜sir: 据说,清朝的赵翼,就是写下"江山代有才人出,各领风骚数百年"的那位诗人,有一次在宫中值班,天还没有亮,官员都没来上朝,他就"隐隐望见有白纱灯一点入隆宗门,则皇子进书房也"。天没亮,皇子们就开始读书了,赵翼不禁发出了感慨:"本朝家法之严,即皇子读书一事,已迥绝千古。"

小Q: 清朝这个皇子教育制度确实是历朝历代最严格的了。

姜sir: 这种严格的皇子教育也影响了清朝皇帝的执政,比如雍正皇帝就非常勤政,每天只睡4个小时。据说他平均一天要写8000字,现在保留下来的雍正皇帝手稿高达万件,总共有上千万字。

小Q: 这也太拼了!

姜sir: 清朝作为一个由少数民族建立的政权,需要通过提升自身的文化素养来巩固统治。所以作为统治者必须刻苦,提高治理水平,让老百姓心服口服。清朝的皇族子弟几乎都要学习满、汉、蒙三种语言,四书五经、史籍、策问、诗赋等汉族文化经典也要反复学习,同时,皇子教育的形式也很多样，例如康熙皇帝就非常喜欢带皇子皇孙出巡，增长见识。

小Q：既然清朝皇帝这么勤奋，清朝怎么还是一步一步走向了灭亡呢？

姜 sir：如果从努尔哈赤建立后金算起，清朝总计存在了296年，如果从皇太极改国号算起，那就是276年。这276年间，清朝都发生了哪些事情？世界又发生了怎样的变化呢？让我们一起走进清朝，我们下节见。

238　人口爆炸式增长

各位同学，大家好，我就是那个人见人爱、花见花开、车见车爆胎的姜 sir。

大家好，我就是那个负责问问题的小 Q 同学。

姜 sir：在讲述清朝具体发生了哪些故事前，我们先来说说清朝的"人"。在这一时期，中国迎来了一次人口的爆炸式增长。受明末清初的灾荒和战乱影响，清朝刚建立政权的时候，人口数量还不超过 1 亿。但到了清朝快灭亡的时候，人口数量已经突破了 4 亿。

小 Q：竟然是原来的 4 倍还要多！我的手指都不够用了，数不过来了！

姜 sir：其实关于中国每个朝代人口的数据，都来自专家的估算。史料记载中的官方统计数字，只是根据交税的人口数量来统计的。因为那个时候是以家庭为单位交税，甚至有的地方势力为了逃税，会将部分人口隐藏不报。所以，人口数量只能说个大概数字。

小Q： 那每个朝代都大概有多少人口呢？

姜sir： 综合史料记载，到战国后期，整个中国地区的人口在2000万到3000万之间。秦朝的人口在3000万左右。等到了汉平帝的时候，人口大概能到5700万。但经过汉末动荡，三国争霸，到了晋朝280年，全国人口不过1600多万。

小Q： 乱世对人口的影响太大了！

姜sir： 八王之乱、五胡乱华和南北朝，让中国人口迅速减少，因为四处逃散的人口太多了，根本无法统计，能统计出来的大概不超过1000万人。等到隋朝建立后，人口数量再次回升，609年达到了4600万人。但是隋末动乱让人口再次大幅跌落，618年大概不到1000万人。到了唐朝755年，人口达到5300万人。不过，当时的史学家杜佑，就是诗人杜牧的爷爷估算，唐朝当时至少有6900万至7500万人。

小Q： 接下来安史之乱，是不是又到了低谷？

姜sir： 760年，唐朝只有不到1700万人。一直到了宋朝的1125年，估算应该达到了1.3亿。1234年蒙古灭金，估算长江以北的人口，只剩下1000万左右。明朝人口的数量，专家们的估算差距极大，从最少的6000万，到最多的接近2亿。

但到了康熙1722年，中国人口已经上升到1.5亿。而1911年则到了4亿3000多万。

小Q：和平真的是太重要了，为什么清朝的数量增加得这么多呢？

姜sir：一是粮食和种植技术的提高。无论什么时代，人口增长一定要有足够的粮食。明以前，我国种植的粮食作物虽然能够满足人们的基本需求，但产量不够高，抗灾害能力还不够强，这么一点儿粮食根本不够大家吃的。明朝中后期，土豆、红薯、玉米等粮食作物传入我国，这些作物的生长条件简单，不需要太多水，也不需要很严格的种植环境，在山坡上也能种，产量还高。比如红薯，它的果实不仅可以吃，就连叶子、根茎也都是很好的食物。而到了受灾的年头，土豆就成了最好的赈灾作物，因为土豆的生长周期只有两个月，成熟快，可以很好地帮人们度过灾年。这几种农作物在清朝得到大面积种植，成功弥补了水稻、小麦产量不足的缺口。粮食够了，人口也就快速增加了。

小Q：这三样还真挺好吃的。

姜sir：二是医疗水平的提高。清朝是我国古代最后一个王朝，它继承了历朝历代的医疗技术的精华。几千年的积淀，为中医形成了深厚的历史文化底蕴，打下了坚实的实践基础。风寒发热一类的疾病，已经能够得到较好的控制。随着医学

的不断发展，一些之前缺乏有效治疗方法的疾病得到抑制，人口死亡率下降，人的寿命也延长了。

小Q：降低死亡率还是挺重要的！

姜sir：还有就是废除人丁税。

小Q：什么是人丁税？

姜sir：人丁税也叫丁钱、人头税，指国家依据户口按人头对每家每户收取的直接税。我国历史上，第一次被详细记载的人丁税是汉代的"算赋"和"口赋"。"算赋"就是每人每年需要交一百二十钱，一个人从十五岁开始一直交到五十六岁。"口赋"就是对七岁到十二岁的未成年人所收的税，每人每年要交二十钱。1712年，清政府决定以康熙五十年——也就是1711年的人丁数作为固定丁数征税，此后"滋生人丁，永不加赋"。其实是变相废除了人丁税。雍正年间又进一步推行"摊丁入亩"政策，按田亩纳税。这样一来，没有地的农民就不用再交人头税，而少地的劳动者会少交很多税。

小Q：没有了税收压力，粮食也增多了，大家就可以放心大胆地生孩子了。

姜sir：三是社会环境的稳定。从康熙到道光年间，清朝几乎没有发生过全国范围的战争。长期的和平发展，给生产的迅速恢复和人口的快速增长创造了很好的外部条件。

小Q：现在我们中国有十几亿人了吧？

姜 sir：2021 年 5 月 11 日发布的《第七次全国人口普查公报》显示，全国总人口为 1443497378 人。

小 Q：人口的发展都能写成一部历史了！

姜 sir：我国的人口能在清朝爆炸式增长与清朝长期繁荣与稳定的社会环境是分不开的。可清朝最初的几个皇帝却死得很突然，所以后来的政局并不像清初那样太平，差点儿影响整个清朝历史的发展。这其中一个女子起到了重要的作用，她是谁呢？我们下节见。

239 帮完儿子帮孙子

各位同学,大家好,我就是那个人见人爱、花见花开、车见车爆胎的姜 sir。

大家好,我就是那个负责问问题的小 Q 同学。

姜 sir:清朝是由满族建立的王朝,它是继元朝之后第二个由少数民族统治中国的政权。1616 年,努尔哈赤建立后金政权。1626 年,宁远之战爆发,在宁远城,也就是现在的兴城,努尔哈赤被袁崇焕率领的装备有红夷大炮的明军击败,不久去世。身为皇八子的皇太极被推举为新大汗。1636 年,皇太极正式称帝,改国号为清。

小 Q:那皇太极才算是清朝的实际建立者。

姜 sir:1641 年,皇太极在松锦之战中大败明军,次年俘虏并劝降了明朝大将洪承畴。洪承畴的投降对明朝的打击是巨大的。清军入关后，清朝之所以能够征服和统治中国，洪承畴起到了至关重要的作用。

小Q：除了他以外，是不是还有很多人也跟着投降了？

姜sir：洪承畴在明朝朝廷里地位很高，极受信任，是少有的几个被崇祯帝倚重的大臣之一。松锦之战洪承畴十三万大军全军覆没，洪承畴被俘虏。清朝却对洪承畴礼待如上宾，没有严刑拷打，没有喊打喊杀，而是想招降他。洪承畴一开始一言不发，对待来劝降他的人也不搭理，想绝食而死。后来他为什么改变了想法有很多种说法，可不管是什么原因，最后的结果是——洪承畴投降了。洪承畴利用自己的影响力，让很多人直接投降了清朝，而且清朝对中原地区的很多统治策略也参考了洪承畴的意见。

小Q：那是皇太极率领清军入关的吗？

姜sir：不是。1643年，五十二岁的皇太极病死。其子福临在皇太极去世后，凭借多尔衮等人的拥护，最终在六岁的时候成功登基称帝，年号顺治。顺治帝成为清朝的第三位皇帝，第二年清军入关，打败李自成军队后，顺治帝成为清朝第一位入主中原的皇帝。

小Q：六岁就当皇帝，又是妈妈帮忙治理国家吗？

姜sir：顺治在盛京登基的时候，相当于幼儿园大班，是个刚刚不哭鼻子的小孩子。但顺治帝的妈妈可太重要了，她就是历史上鼎鼎有名的孝庄文皇后。她一生当中培养了两位十分杰出的皇帝，给清朝的盛世打下了坚实的基础。可以说没有她，清朝的历史都有可能改写。

小Q：为啥是两位呢？

姜sir：因为顺治帝二十四岁就英年早逝了。接下来，就是顺治帝的儿子康熙继位，可康熙当时才八岁，孝庄又得为自己的孙子操心。

小Q：原来是辅佐了儿子和孙子。

姜sir：孝庄出生于蒙古草原，她的名字叫博尔济吉特·布木布泰。孝庄是皇太极的妃子，但因为皇太极去世得突然，没有指定继承人，皇太极的长子豪格与皇太极的弟弟多尔衮展开了激烈的斗争，一时僵持不下。这个时候，孝庄站出来了，她凭借自己的才智，寻找几人之间的平衡点，说服多尔衮拥护自己的儿子福临登基。

小Q：这很厉害啊，既给儿子争得了皇位，又解决了国家的内部动乱问题。

姜sir：辅佐完儿子，辅佐孙子，培养过一代皇帝的孝庄在培养康熙的时候显然更加有经验。对待康熙，孝庄总是尽可能地对其进行教育，让康熙学会自己发现问题、解决问题，学会如何做一个好皇帝。康熙在远征云南吴三桂的时候，孝庄还将自己节省下的银两拿出来犒军。

小 Q：吴三桂不是最初投降清朝的明朝将领吗？

姜 sir：清朝初年，由于清朝的统治力量还不够直接控制南方各省，因此清朝统治者采取"以汉制汉"的政策，就是用汉族人去管理汉族人，分封入关有功的四位汉族将领治理南方各省。吴三桂为平西王，镇守云南、贵州及四川；孔有德为定南王，镇守广西；尚可喜为平南王，镇守广东；耿仲明为靖南王，镇守福建。这四人史称"四王"。后来孔有德被南明将领李定国打败，被困桂林，自刎而死。自此，清廷所封汉人四王只剩三个，所以史书称之为三藩。

小 Q：这不就是唐朝的藩镇割据吗？

姜 sir：康熙把三藩割据势力视为心腹大患，肯定要找机会解决。1673 年 3 月，尚可喜上奏说自己老了，年龄太大了，请求回老家养老，并奏请恩准他儿子世袭平南王爵位。康熙顺水推舟，让尚可喜带上兵丁与家眷到辽宁海城驻扎，同时撤销了他在广东的割据特权。

小 Q：这不就相当于撤藩了吗？

姜 sir：康熙的这一举动让吴三桂和继承祖父爵位的耿精忠感到不安。于是他俩想测试一下康熙的态度，假惺惺地提出撤销藩王头衔，说也想回去养老。康熙召集大臣们来朝廷讨论此事。很多大臣都认为吴三桂撤藩的请求是假的。如果批准他们的请求，吴三桂肯定会造反。康熙却说："吴三桂早有野心。撤藩，他要反；不撤，他迟早也要反。不如就同意算了。"然后就下诏同意撤藩。

小Q：那吴三桂肯定会造反，不过清朝毕竟有整个国家的军队呢，兵力应该比几个藩王强吧？

姜sir：那可不一定。三藩是地方上的实际统治者，不仅有独立的军队，还有独立的财政，实力相当雄厚。据说兵力可以达到30万以上。而清朝虽然在全国有几十万军队，但由于中国太大，并且还要拨出一部分兵力守卫京城，实际能够参战的也就十几万。康熙皇帝要怎样应对这个危机呢？我们下节见。

240 打仗需要快递

各位同学,大家好,我就是那个人见人爱、花见花开、车见车爆胎的姜 sir。

大家好,我就是那个负责问问题的小 Q 同学。

姜 sir: 1673 年,吴三桂发布讨伐清廷的檄文,自称"总统天下水陆大元帅,兴明讨虏大将军",联合平南王、靖南王及各地明朝老部下,起兵造反。

小 Q: 各地帮吴三桂的应该不少吧?毕竟清朝的统治者是少数民族。

姜 sir: 根据朝廷事后统计,吴三桂起兵后,共有 500 多名官员"从贼"。正是在这些原明朝官员的响应和归顺下,吴三桂起兵之初进展非常顺利,陆续攻占了贵州、湖南等地,四川、广西、陕西等地也纷纷反叛,加入吴三桂阵营,加上耿精忠占据的福建和尚可喜的儿子尚之信占据的广东，形势对他们十分有利。

小Q：清朝很危险了！

姜sir：面对各处反清势力，康熙并没有表现得很惊慌，而是迅速制定了相应的对策。一面针对前线情况进行严密的军事部署，一面招抚各地观望局势的官员和军民。康熙坐镇北京，亲自指挥前线。

小Q：怎么指挥？又没有电话。

姜sir：这就得提到清朝的驿站建设了，当时从大西南到北京送军事情报，快马通信只需九天即可到达。从西安五天可到北京，浙江四天就可以把消息传到北京。

小Q：这是古代历史上最快的速度吗？

姜sir：这里有必要先了解一下古代快递发展史。最早的快递是烽火台，点上狼烟，但狼烟只能起到提醒的作用，不能够传递具体的消息，于是人们开始利用人力来传递信息。周朝建立后，根据《周礼》记载，当时的国家大道边上，每隔十里设置"庐"，在这里准备饮食；三十里设置"宿"，有能够吃饭和稍做休息的"路室"；五十里设置"市"，这里不仅可以吃饭休息，还有"候馆"可以住宿。

小Q：这都赶上酒店了。

姜sir：秦汉时期，天下一统，这种制度进一步发展。尤其两汉时期，官员出行，拿着指定文件就可以调用驿站里的车、马、人。到了隋唐后，皇帝的命令需要及时下达到地方，而地方的信息也要及时报告给皇帝，"邮驿"制度迅速发展起来。唐朝建立后，在首都长安设置有专门亭驿，三十里为一驿，以这个亭驿为中心，有国道直通全国各地。唐朝还专门在南方一部分水路上设置"水驿"，《唐六典》记载当时全国设立水陆驿站共达1639个。唐朝的每个驿站都设置"驿长"，驿站都专门配有"驿田"，种植驿马所需要的粮草。驿站除了设置供应饮食的厅堂外，有的也设有茶酒库。并且当时不仅有官方的驿站，还有很多民间的客店。每个店里都有驴出租，供旅客乘坐，名为"驿驴"。

小Q：现代租车，古代租驴。

姜sir：宋朝建立后，因国土面积小，驿站规模与盛唐时期相比就小了很多。但由于战争频繁，出现了"急递铺"，专门用于传递军事讯息，每天可以行进四五百里。

小Q：岳飞的十二道金牌就是这么传的啊！

姜sir：元朝时期，土地面积变大，驿传制度也非常发达。那时候它被称为"站赤"，是蒙古语对于"驿传"的译名。元代的"站赤"，使用马、牛、驴、车，甚至在东北地区，还使用狗。元代也沿用了急递铺的设置，如果传递的是特别紧要的信息，则用盒子封口上锁，类似我们现在的打包快递。负

责传递的士兵把盒子用软布包好,再用油绢卷好,防雨防潮,快马加鞭。如果碰到狭窄的道路,所有人听到铃声都要避让。下一驿站的士兵,一旦听到铃声,要立即出去接应,并检验包裹是否完整,接到后立即启程,一站接一站。

小Q:这和现在的快递太像了!

姜sir:据统计,元朝在全国一共设立了一千多处驿站,共有四万五千匹驿马。在东北哈尔滨地区还设有狗站十五处,有驿狗三千只。南方水运较为发达的地区还设有数百座水驿,拥有几千艘驿船。

小Q:哇,好大规模的快递网络!

姜sir:明朝建立后,朱元璋立即下令整顿和恢复全国的驿站,并开始大力建设边疆地区的驿站设施,同时明确规定非军国大事,一律不许动用驿站邮递设施。

小Q:那时候的驿站资源太珍贵了,肯定得留给国家用。

姜sir:明朝开始,中国出现了私人经营的信局,除了寄送信件之外,也承担小额汇款和包裹业务。到了清朝,驿递速度达到了中国古代历史上的最高峰,康熙每天可以接到前方上百封军事报告,因此,即使他坐在紫禁城中,不在前线,也可以达到亲自指挥作战的目的。

小Q:那驿站是什么时候取消的呢?

姜sir:清朝在1896年开始办新式邮政,驿站逐渐被替代。

辛亥革命后，北洋政府宣布将驿站全部撤销。

小Q：驿站的发展也是一部历史啊。

姜sir：说回三藩之乱，康熙一边排兵布阵，对各地叛乱进行镇压，一边安抚人心，瓦解吴三桂联盟。他告诉耿精忠，没必要跟着吴三桂反叛，虽然削了藩，但是他依旧可以镇守福建地区。耿精忠接到消息以后，一直处在犹豫之中，不过耿精忠并不知道的是，他的部下已经背地里投靠了清朝。所以面对清朝的进攻时，耿精忠最终被困在城中，只好投降。

耿精忠投降了，接下来就是尚之信。尚之信是平南王尚可喜的儿子。吴三桂起事后，尚可喜坚决不叛，但此时他已老迈病重，难以主事。尚之信趁机劫持了父亲尚可喜，率领部众投降了吴三桂，尚可喜在忧愤中去世。然而，尚之信叛清后不仅没有得到多少好处，还长期受到吴三桂的压迫。尚之信成为吴三桂的附庸。尚之信听说耿精忠投降后并没有受到责罚，于是马上派人联络清军投降。

三藩之中就剩下吴三桂，他孤立无援。1678年，为鼓舞士气，吴三桂于三月初在衡州登基称帝，然而仅仅五个多月后，他就病死了。吴三桂死后，他年仅十二岁的孙子吴世璠继位，吴军军心涣散，节节败退。康熙最终平定了三藩的叛乱。那么，除了平定三藩之乱外，康熙还做过哪几件大事呢？我们下节见。

241 台湾是中国不可分割的一部分

各位同学，大家好，我就是那个人见人爱、花见花开、车见车爆胎的姜 sir。

大家好，我就是那个负责问问题的小 Q 同学。

姜 sir：上节我们说到康熙平定了三藩之乱，而没过几年，就要准备收复台湾了。

小 Q：台湾一直都是我们的领土呀，怎么还要收复呢？

姜 sir：台湾当然是中国不可分割的领土，只不过在当时不归清朝管，而是在郑氏的统治下，所以也叫台湾明郑时期。

小 Q：有点儿晕，怎么回事呢？

姜 sir：远古时代，台湾和大陆相连，后来因为地壳运动，相连接的部分沉入大海中，形成海峡，出现了台湾岛。我国闽南地区有一个叫"沉东京，浮福建"的传说，里面就提到东京（传说台湾海峡一带曾有个东京城，后来沉入海底）沉没变成了台湾海峡。

小Q： 那什么时候开始有了对台湾的文字记录呢？

姜sir： 据《三国志》记载，230年，孙权派遣万人船队到达台湾，加强了彼此联系。这是中国大陆利用先进的文化知识开发台湾的开始。史书再次出现有关台湾的记录，就是隋朝了，隋炀帝曾三次派人到台湾。此后由唐到宋的六百年间，沿海居住的百姓，特别是福建泉州、漳州一带居民，很多搬家到了台湾。到了元朝，正式在台湾设立专门行政机构——澎湖巡检司。巡检司级别不高，属于县级衙门底下的基层组织，通常负责管辖人烟稀少的地方。1628年福建大旱，百姓没办法生存下去，郑芝龙组织数万灾民到了台湾，台湾从此进入了大规模开发时期。

与此同时，西方殖民势力正在飞速发展，台湾成为西方殖民主义者觊觎（jì yú）的对象，西班牙、葡萄牙等国相继侵略台湾。当时的台湾有四股势力，郑芝龙的郑氏集团、荷兰人、西班牙人以及台湾岛原来居住的百姓。直到1642年，荷兰人打败了西班牙人，郑芝龙也接受明朝招安，荷兰人控制了台湾。

小Q： 这怎么能行呢？这是我们的领土，得抢回来！

姜sir： 荷兰占据台湾三十八年，台湾同胞也在进行着反抗。1661年，南明将领郑成功留下部分兵力守卫厦门、金门，亲自率领2.5万名将士及数百艘战船向台湾进军。1662年收回了被荷兰侵占的宝岛台湾。郑成功收复台湾后几个月就因病去世了，年仅三十九岁。后来他儿子郑经、孙子郑克塽前后统治台湾二十二年，这个政权就叫作"明郑政权"。

小Q：我明白康熙为什么要收复台湾了，台湾岛上的外国人虽然被赶走了，但它不在清朝手里。

姜sir：郑成功去世后，康熙便着手收复台湾。由于与郑家人谈判无果，他决定采用武力。在结束了长达八年的三藩之乱后，清朝的统治得以进一步稳固。武力收复台湾的条件成熟。1683年，康熙任命施琅为福建水师提督，出兵攻台，在澎湖大败郑氏海军，收复了台湾。清政府在台湾设台湾府，加强了中央对台湾的管辖，促进了台湾经济文化的发展。

小Q：台湾是中国不可分割的一部分！

姜sir：南面的事情好不容易解决了，接下来北面又出事了，沙俄远征军多次入侵黑龙江流域，烧杀抢劫。

小Q：这必须打回去，胆敢侵犯我中国领土！

姜sir：顺治末年至康熙初年，清朝忙于解决残明势力、三藩之乱、郑氏台湾等内患，无暇顾及东北局势，沙俄趁机侵占我国黑龙江流域大片领土。与此同时，侵略者还以尼布楚和雅克萨两城为据点，不断骚扰和掠夺黑龙江中下游地区，

并大肆屠杀当地民众，犯下滔天罪行。对于沙俄的侵略行径，康熙多次遣使进行交涉、警告，但均未取得预期效果。沙俄的傲慢让康熙清醒地认识到，只有使用武力，才能将侵略者驱逐出中国。1685年，康熙命都统彭春率水陆两路大军兵临雅克萨城下，向侵略者发出最后通牒。俄军自负，拒不投降，被清军大败，伤亡惨重，只好乞求让他们撤离，想不到沙俄吃了败仗依然贼心不死，见清朝撤兵，他们很快又窜回了雅克萨城。康熙下令反击，经过激战，俄军死伤殆尽，据说一共826名俄军，最后只剩66人。消息传至莫斯科，沙皇摄政王索菲亚公主急忙遣使向清朝请求撤围，议定边界。康熙帝答应索菲亚公主的请求，准许侵略军残部撤往尼布楚。至此，中国历史上首场对俄反侵略战争——雅克萨之战，以中国的胜利而宣告结束。

雅克萨之战打出了中国人的勇气和斗志，让俄国人认识到这个远东大国绝非任其宰割的"羔羊"。雅克萨之战结束后，双方签订了中俄《尼布楚条约》，这是中国与西方国家签订的第一份国际条约。条约规定以外兴安岭至格尔必齐河、额尔古纳河为中俄两国东段边界，黑龙江和乌苏里江流域，包括库页岛在内的广大地区均为中国的领土。

小Q：削三藩、收复台湾、赶走沙俄，真是一件大事接着一件，康熙终于能歇歇了。

姜 sir：歇不了，北方的准噶尔部落又造反了，还得继续打。

小 Q：康熙皇帝真够累的，这次叛乱好平定吗？

姜 sir：清朝统一准噶尔之战长达七十年，到底发生了什么，要拖到康熙皇帝的孙子乾隆皇帝才解决呢？我们下节见。

242 历经三代帝王的战争

各位同学,大家好,我就是那个人见人爱、花见花开、车见车爆胎的姜 sir。

大家好,我就是那个负责问问题的小 Q 同学。

姜 sir：上节我们说到康熙是忙来忙去,一直没闲着,北方的准噶尔部落又叛乱了。清朝发生过大大小小的叛乱很多次,但准噶尔叛乱是持续时间最长的。平定准噶尔叛乱是从康熙年间开始的,直到乾隆年间彻底结束,历经了康熙、雍正、乾隆三代帝王。

小 Q：为什么这么难打呢？

姜 sir：明朝的时候,一直没能力完全统一中国北方游牧民族,所以北元政权在北方存在了很多年。但北元政权后期也失去了统治力,蒙古各个部落开始分散,各自说了算。其中出现了一个林丹汗，是蒙古帝国第三十五任大汗，一般认为是蒙古末代大汗。

小 Q：他是不是想恢复蒙古帝国当年的霸业？

姜 sir：想法是美好的，但那个时候女真族已经崛起了，后金已经建立了，林丹汗被皇太极消灭后，他的儿子投降后金。这是蒙古帝国真正意义上的彻底结束。

小 Q：这不就相当于清朝统一了蒙古帝国了吗？

姜 sir：朱元璋都没拿到元朝的传国玉玺，被清朝拿到了，可以说清朝的皇帝同时还是蒙古的大汗。1644 年，清军入关。同年，一位即将给清王朝带来大麻烦的人出生了，他叫噶尔丹。噶尔丹后来当上了漠西蒙古四部之一准噶尔部的首领。

小 Q：漠西蒙古，还四部，有点儿晕。

姜 sir：漠西蒙古就是明朝时候的瓦剌（là），抓朱祁镇的那个。它下面有四个大部落，准噶尔部是其中一个。

小 Q：就是噶尔丹当上了四分之一瓦剌的首领。

姜 sir：准噶尔部在噶尔丹带领下迅速强大，其他三个部落都打不过他。后来，噶尔丹将他的统治范围扩大到天山以南。

小 Q：这肯定不行啊，清朝皇帝才是大汗。

姜 sir：但当时清朝忙着平定三藩叛乱，哪有工夫来管噶尔丹？等到后来清朝和沙俄打完雅克萨之战，康熙才腾出手来专心应对准噶尔的事。

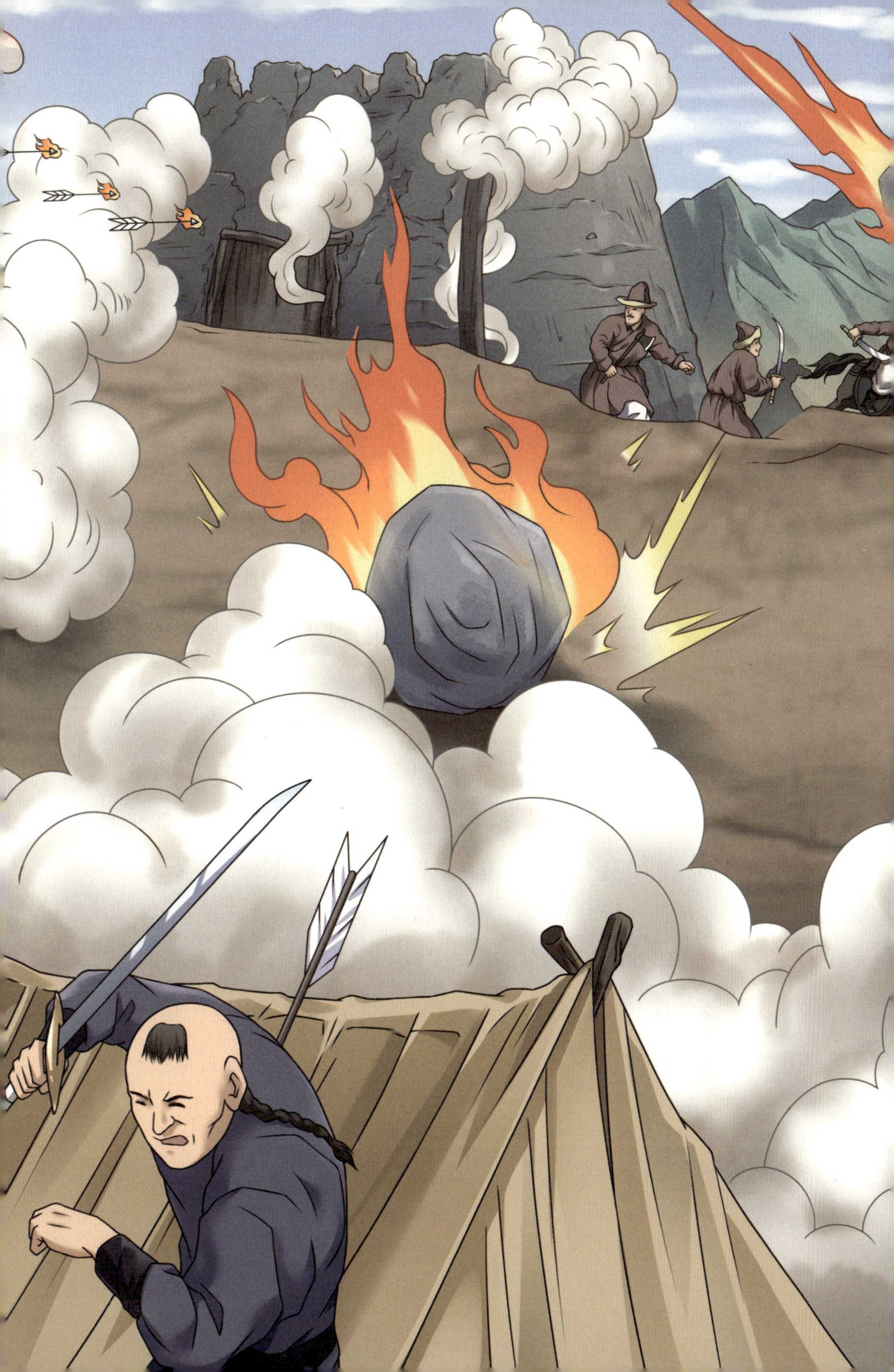

小Q：康熙皇帝也太忙了！

姜sir：当时并不是所有蒙古部落都归噶尔丹。很多部落是承认清朝的地位的，这些部落经常被噶尔丹欺负。噶尔丹成为割据一方的豪强，他的势力越来越大，渐渐连康熙皇帝也不放在眼里，竟然提出"圣上君南方，我长北方"的分裂主张。

小Q：这康熙皇帝不能忍了吧？

姜sir：康熙皇帝三次御驾亲征，带着自己手下的蒙古骑兵和清军，用火炮这些先进武器，把噶尔丹狠狠地打了一顿。噶尔丹逃跑之后，没多久就去世了。有说他是病死的，也有说他是服毒自杀的。

小Q：这不就结束了吗？怎么还拖到了孙子乾隆皇帝呢？

姜sir：虽然噶尔丹死了，但准噶尔部没有灭亡，剩余的叛逆势力死灰复燃。等到了下一任皇帝雍正的时候，他对准噶尔这块地方不太瞧得上。他曾经在朝堂上说："准噶尔弹丸之地，又在极北之区。"意思就是又小又远。"得其土不足以耕耘，得其民不足以驱使；且人穷地瘠，又无出产之物"，意思就是打下来也种不了田，老百姓也不好管，也没什么特长。"今何所利而用兵于远边乎？"意思就是那么远打它干吗？最后一句很重要。"即使灭此朝食，亦不足以夸耀武功。"意思是就算我把它打下来，有什么值得炫耀的吗？

小Q：感觉雍正不是很重视，看来对攻打准噶尔兴趣不大。

姜sir：不过雍正还是发动了清剿准噶尔的战争。1731年，清军大举进攻准噶尔，却反被其诱敌深入，在和通泊吃了一场惨痛的大败仗。所幸一年后，清军在额尔德尼昭之战中击溃准噶尔部骑兵，准噶尔由此元气大伤，被迫向清朝求和，于是清准双方划定边界，大家相安无事。

小Q：仗打赢了是很好，可到底事情没解决呀！那为什么最后乾隆皇帝要彻底给解决了呢？

姜sir：乾隆皇帝和雍正皇帝想的可不一样，乾隆皇帝认为准噶尔是清朝国土的一部分，必须保卫国家领土完整，多次对大臣强调："国家大事，无过于此。"

小Q：都上升到国家大事了，必须要解决了。

姜sir：乾隆皇帝给军队提出的要求是斩草除根，这一次终于彻底平定了准噶尔部叛乱。乾隆皇帝能够快速彻底地解决这件事也和清朝的盛况有关，有了粮食和军费，打赢还不轻松吗？这就是历史上的康乾盛世。康乾盛世到底什么样呢？我们下节见。

243 可以夸夸他

**** 各位同学，大家好，我就是那个人见人爱、花见花开、车见车爆胎的姜 sir。

**** 大家好，我就是那个负责问问题的小 Q 同学。

姜 sir：上节我们说到乾隆皇帝能够快速平定准噶尔叛乱和康乾盛世是有一定关系的。

小 Q：盛世我知道，我国历史上有好多呢。

姜 sir：康乾盛世是中国古代最后一个盛世了，也是清朝发展最鼎盛的时期。一共经历了康熙、雍正、乾隆三代皇帝，持续时间长达一百三十四年。

我们先说康熙皇帝的功绩。他是整个中国历史上在位时间最长的皇帝，在位六十一年。在位期间，他收复台湾、抵抗沙俄侵略、西征蒙古，扩大了清朝的版图。除了这些大事以外，还有很多细节能看出康熙皇帝的智慧。据记载，康熙皇帝每次到朱元璋的明孝陵，必定会对朱元璋的陵墓行"三跪九叩"大礼。

小Q：什么是三跪九叩？

姜sir："三跪九叩"是指跪地三次，每跪一次叩三个头，一共叩九个头，这是最高礼节。

小Q：康熙皇帝为什么对朱元璋行这么大的礼？

姜sir：去过南京明孝陵的人，都会发现朱元璋的墓前，立着一块大石碑，写着四个大字：治隆唐宋。意思就是，朱元璋对国家的治理，胜过唐宋。

小Q：这个评价太高了。

姜sir：这四个字就是康熙皇帝写的。不只是朱元璋，康熙皇帝还去孔庙给孔子三跪九叩过，并且亲自写下了"万世师表"四个字，意思是孔子是值得我们永远学习的榜样。除去康熙皇帝本身对朱元璋和孔子的崇拜以外，主要也是为了打消一部分汉族人内心对清朝的戒备。你们看，我祭拜了孔子，这就是对汉文化的尊重；我祭拜了朱元璋，就表明了清朝是明朝的延续。

小Q：这么做可比元朝的统治者聪明多了。

姜sir：康熙皇帝在后世的评价是非常高的。比如伟大领袖毛主席就说过："康熙皇帝的头一个伟大贡献是打下了今天我们国家所拥有的这块领土。我们今天继承的这大块版图基本上是康熙皇帝时牢固地确定了的。"

小Q：这个对后世的贡献必须竖大拇指！

姜sir：毛主席说："康熙皇帝的第二个伟大贡献是他的统一战线政策。"满族进关时兵力只有五万多，加上家属也不过二十万。以这样少的人口去统治那么一个大国，占领那么大领土，管理那么多人口，怎么管？康熙皇帝便发明了一个统一战线，先团结蒙古族和其他少数民族，后来又团结了汉族的上层人士，还全面学习和继承了当时比满文化要先进得多的汉文化。在官员的设置上，凡高级官员都是一个满族一个汉族。这样，康熙便非常成功地克服了满族官员少的困难，真正达到了以一顶百的神奇效果。

小Q：元朝要是有这样的智慧，估计也不会那么快结束。

姜sir：第三个了不起的地方是，康熙有奖罚分明的用人制度。即使皇子犯了错误，也一样要受到严厉的处罚。并且康熙皇帝还非常勤奋好学。他除了会几种民族语言之外，还会好几种外语，包括希腊文。康熙皇帝还精通诗词歌赋，会琴棋书画，还喜欢研究自然科学，对数学、天文、地理、医学、生物学、解剖学、农艺学和工程技术都有着浓厚的兴趣。

小Q：这简直就是全才！

姜sir：康熙皇帝去世后，清朝却爆发了几乎是历朝历代最激烈的皇位争夺，就是著名的"九子夺嫡"。这件事要从康熙皇帝下令废太子一事说起。太子被废，其他皇子的机会不就来了吗？

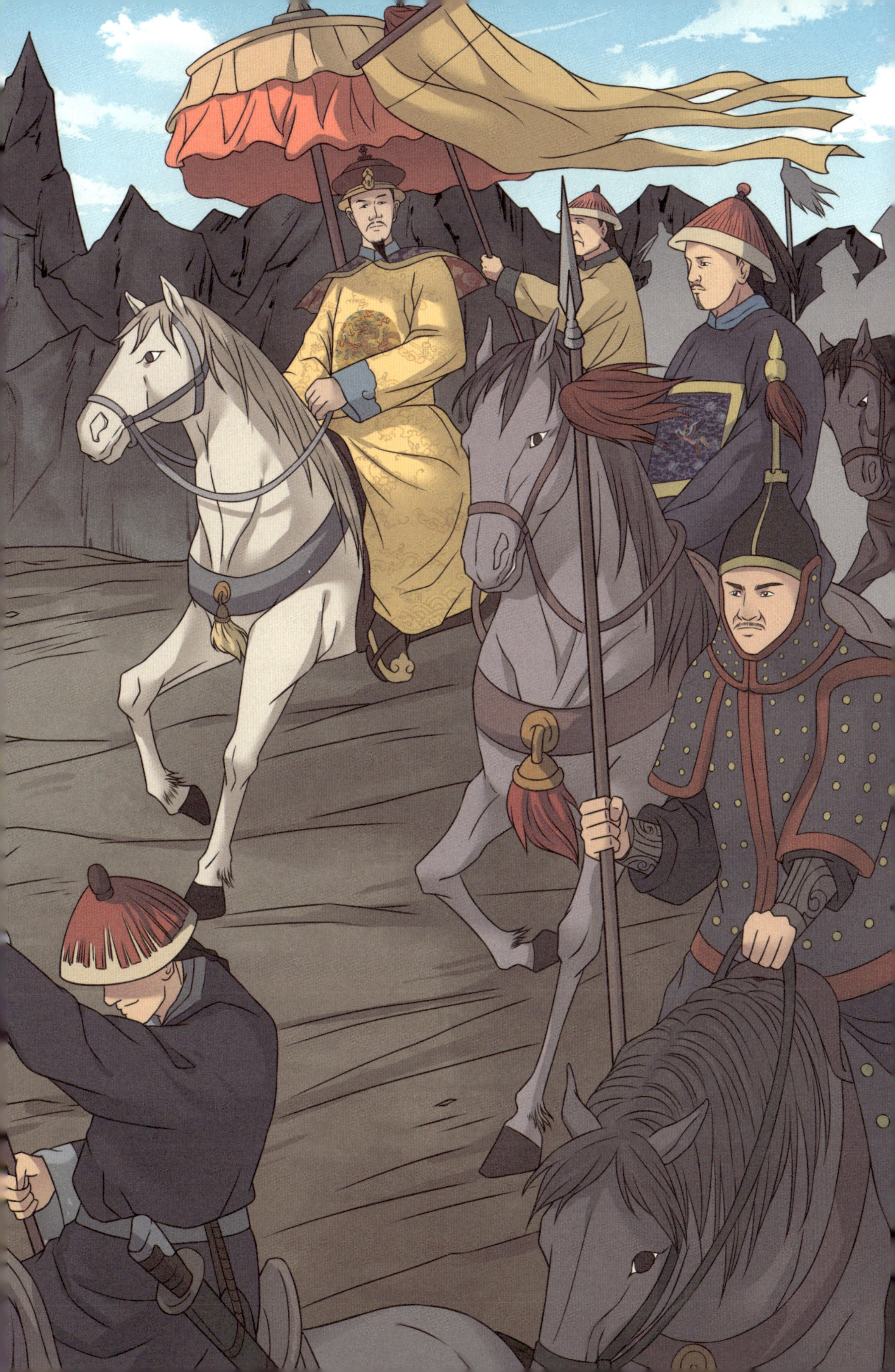

小Q： 为什么要废太子呢？

姜sir： 当时的太子是康熙的第二个儿子胤礽（yìn réng）。1708年，康熙巡视塞外的途中，刚满七岁的皇十八子得了急病，康熙疼爱幼子，非常担忧，可太子却表现得无动于衷。康熙见太子身为兄长却一点儿都不心疼弟弟，于是批评了他，没想到太子竟敢顶嘴。康熙又想到当年他也是在出塞途中生病，太子到行宫看到爸爸生病，竟然丝毫没有忧愁的样子。康熙皇帝就认为这个儿子没有忠爱君父的观念，不孝顺。回京城的途中，康熙还发现太子夜晚靠近皇帝的帐篷，从缝隙向里面偷看，怀疑太子可能要"弑（shì）逆"，意思就是想杀皇帝。于是太子就这样被废了。但三个月后，太子的身份又被恢复了。

小Q： 是不是康熙觉得错怪儿子了？

姜sir： 这么快恢复身份，是因为太子一废，其他皇子就开始拉帮结派争夺继承权。康熙一看怎么都这样呢，你们也没比太子好到哪儿去啊，还不如留着太子呢。

小Q： 生在皇帝家也是够闹心的。

姜sir： 但太子在四年后又被废了，因为传出了太子在策划逼康熙皇帝尽早退位的丑闻，康熙大怒，决定再废太子。太子废了又立，立了又废，在接下来的九子夺嫡中，老四也就是雍正皇帝胜出。那么雍正皇帝是如何继续维持康熙时期的盛世呢？我们下节见。

244 曹家为什么被抄？

姜 sir：各位同学，大家好，我就是那个人见人爱、花见花开、车见车爆胎的姜 sir。

小 Q：大家好，我就是那个负责问问题的小 Q 同学。

姜 sir：上节我们说到康熙皇帝的接力棒传到了雍正皇帝手里。

小 Q：就是特别辛苦批奏折的那位？

姜 sir：据说雍正皇帝四五点钟就要起床，然后洗漱、早读、向太后请安问好。吃过早餐就开始处理国家政务、批改奏折，一直持续到中午。经过午休，下午继续办公，至于晚上加不加班，加班到几点，那就不一定了。

小 Q：他爸爸康熙皇帝不是打下了不错的基础吗？为什么雍正皇帝还这么拼呢？

姜sir：康熙皇帝在位期间，清朝几乎一直在打仗。打胜了还需要军队驻防，这些都需要大量的什么支持？

小Q：需要银子，需要钱的支持。

姜sir：这么大的一个国家，哪里不需要用钱？不说那些涉及国计民生的大型项目，给皇亲国戚的福利，给各级官员的工资，也都需要大量的银子。

小Q：国库的钱都不够发的了，这可怎么办啊？

姜sir：用钱的地方本来就多，有时候该收的钱还收不上来。

小Q：啊？还有人敢欠皇帝的钱，谁这么大胆啊？

姜sir：比如南京的曹家。曹家在曹玺这一代，特别厉害，因为曹玺的妻子孙氏是康熙皇帝的乳娘。

小Q：乳娘是什么娘？

姜sir：在古代富贵人家生了孩子之后，一般都会请乳娘帮忙带孩子。请乳娘一方面是主人家身份地位的体现，另一方面也会让女主人生完孩子之后有精力调养身体。

小Q：是康熙皇帝的乳娘，曹家会不会沾光呢？

姜sir：康熙确实对这个养母非常敬重，封她为一品诰（gào）命夫人。一品诰命夫人可是一个至高荣誉，可以在重大节庆日子前往后宫，参加由皇后亲自主持的宴会。朝廷举行的一切重大活动，都有权参加。并且一品诰命夫人犯罪，地方官员没权力处置，只有上奏皇帝，由皇帝发落。同时曹玺的儿子曹寅很小就入了宫，陪伴康熙长大，成年后站在皇帝身边当官，而曹玺在1662年当上了江宁织造郎中。

小Q：这是个什么官？应该不小吧？

姜sir：江宁织造府这一机构在明朝就有，因为从明代开始，江南地区的养蚕业、丝绸织造就很发达了，国家肯定得在这个地区安排一个纺织厂啊，江宁织造就是为皇家供应丝织品的。曹玺是首任江宁织造郎中，除了主理织造府事务外，他还要负责搜集、监听江南一带的情报，不管是官场还是民间，有任何事情直接向皇帝汇报。

小Q：看来康熙皇帝对曹家是真的很信任。

姜sir：曹玺病逝以后，曹寅接班，他先是被任命为苏州织造，不久又改任江宁织造，还曾兼任两淮盐改，深得康熙皇帝器重。曹家掌管的江宁织造府还成了皇帝在江南的行宫。康熙六次下江南，四次住在江宁织造府。康熙的行宫、戏台搭建、吃的喝的用的，还有随从人员的衣食住行都是曹家负责。

小Q：曹家有那么多钱吗？

姜sir：怎么可能有那么多呢？都是从一些税收里挪用的。再加上曹家自身用度也十分铺张，不懂节俭，曹寅至死都没能补足账上的亏空。康熙念旧情可以一再对曹家宽大处理，但雍正却不能再容忍。雍正非常重视贪腐亏空这件事，一开始多少看在爸爸的面子上，给了曹家时间。可惜最后曹家仍

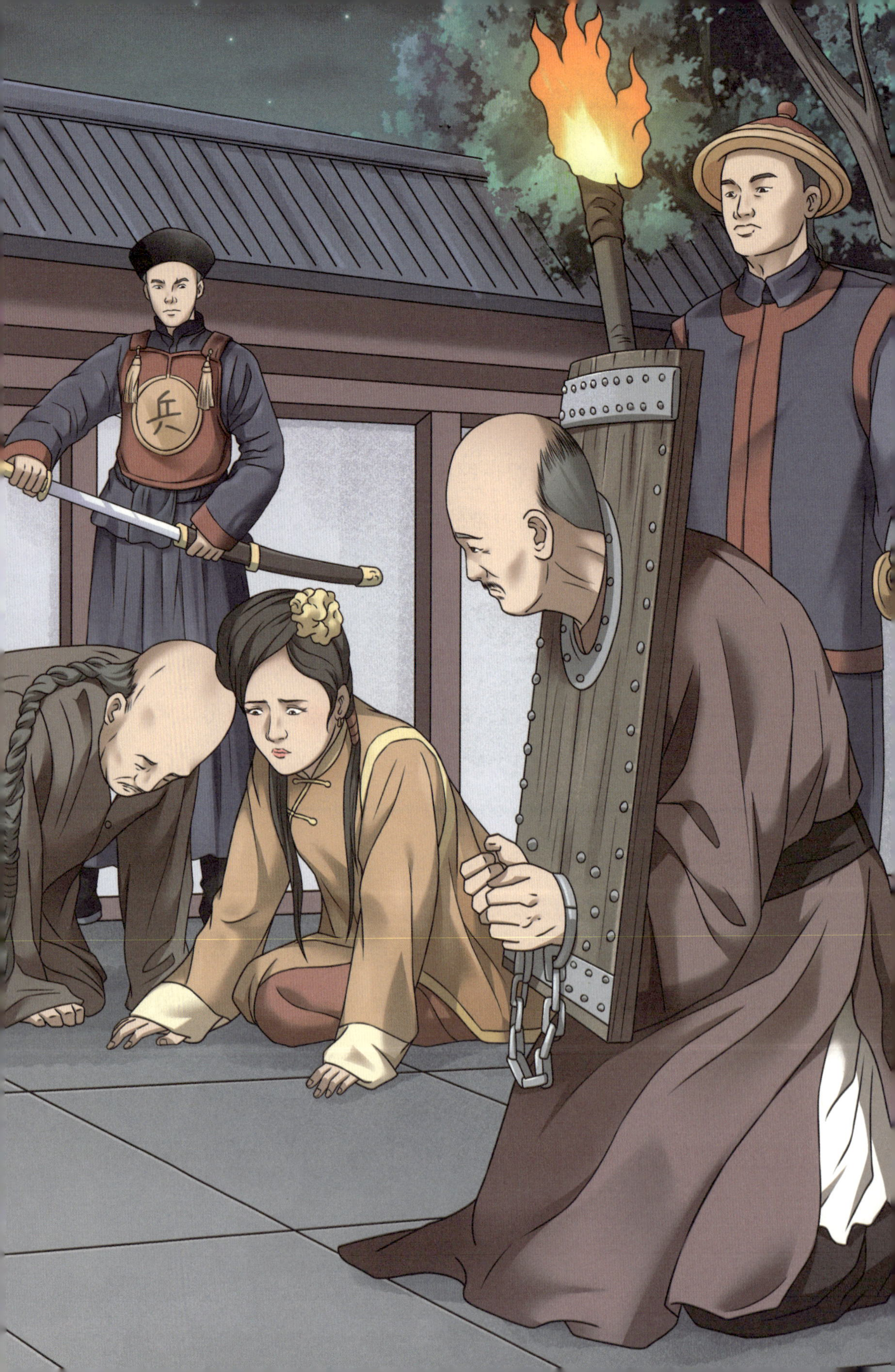
兵

然没有补齐。于是曹家被革职抄家，自此迅速衰落。曹家子孙流落到各处，其中就有曹寅的孙子曹雪芹。

小Q：就是写《红楼梦》的那位？

姜 sir："满纸荒唐言，一把辛酸泪，都云作者痴，谁解其中味？"这首诗就是曹雪芹创作的。意思是，全书写的都是荒唐的言辞，却浸透着我辛酸的眼泪！都说作者又痴又傻，可又有谁能真正理解书中的意味？那么曹雪芹到底为什么写《红楼梦》？这本书又写了什么呢？我们下节见。

245　小说的巅峰《红楼梦》

各位同学,大家好,我就是那个人见人爱、花见花开、车见车爆胎的姜 sir。

大家好,我就是那个负责问问题的小 Q 同学。

姜 sir：上节我们说到在雍正登基后,曹家因为连年亏空欠钱,最后被抄家、革职,从此开始了穷困的生活。

小 Q：这是不是就叫家道中落?

姜 sir：家道中落指的是家业衰败,没有从前富裕。想当年曹家风光的时候,生日和节日的场面都是相当铺张和奢侈的,可现在几乎到了连锅都揭不开的境地了,而抄家的时候曹雪芹才十三岁。

小 Q：曹雪芹小时候还是经历过曹家的辉煌的。

姜 sir：在曹雪芹二十二岁的时候,曹家得到了朝廷的宽恕，曹雪芹当了一个不起眼的小官。而就在这段时期，曹雪芹认识了北京本地王公贵族的孩子，大家都很欣赏曹雪芹的才华，经常围着听他讲故事。在这段时期，曹雪芹就写了《红楼梦》的初稿，名叫《风月宝鉴》。三十岁之后的曹雪芹，在北京西山脚下的小屋子里安了家，赏花品酒，吟诗作对。后来受到了朋友的鼓励，将原先写成的《风月宝鉴》进行了修改打磨，于是一部旷世巨著《红楼梦》诞生了。

小 Q：这本书到底厉害在哪里呢？

姜 sir：《红楼梦》不仅是一部小说，还是一部百科全书。它涵盖了生活的方方面面，园林、诗词、养生、美食、音乐、戏曲、管理……任何水平的读者，任何领域的研究者都能从中找到感兴趣的点。

小 Q：姜 sir，快具体讲讲。

姜 sir：首先，《红楼梦》以贾、史、王、薛四大家族为背景，主要讲述了贾宝玉、林黛玉、薛宝钗的爱情悲剧。故事主要发生在大观园里，很多情节都是日常中的小事，比如吟诗作画、栽草种花，等等。而整个王朝的兴亡、家族的盛衰，都隐藏在小事的微妙变化中。

小 Q：那么读的时候一定很需要耐心。

姜 sir：说到耐心，弄清楚《红楼梦》里面的人物关系就是一件不容易的事。就"《红楼梦》中写了多少人物"这个问题，历来说法都不一样。

小 Q：为什么一本书的人物数量还统计不出来呢？

姜 sir：因为红楼梦版本太多了，林林总总全部加起来恐怕得有十几个版本。在《红楼梦》的众多版本中，如果从大的系统上来分，主要有两大类：脂本和程本。"脂本"就是有"脂砚斋"点评、批注的版本。据说曹雪芹在写作《红楼梦》的时候，有一个合作者叫"脂砚斋"，他不仅编辑、整理了曹雪芹的作品，而且还添加上了批语。"程本"取名自清朝的程伟元。相传程伟元是清朝的一位书商，他和朋友高鹗两人合作整理、续写和出版了第一部一百二十回的《红楼梦》。

小 Q：那随便一个版本的《红楼梦》人数都行，让我感受一下大概多少。

姜 sir：1989 年的《红楼梦人物辞典》做过统计，共计 781 人。涉及的历史、神话、传说人物等古人，共计 340 人。加起来 1121 人。

小 Q：都赶上我们学校人多了。

姜 sir：《红楼梦》表面的故事还是比较好理解的，就是通过林黛玉、薛宝钗、贾宝玉的爱情悲剧，反映贾府的兴亡、封建社会的灭亡。但是具体到细节文字上，如果不好好下下功夫，就体会不出这部小说的妙处了。比如元春、迎春、探春、惜春姐妹四个的名字，你试着把第一个字连起来读一下。

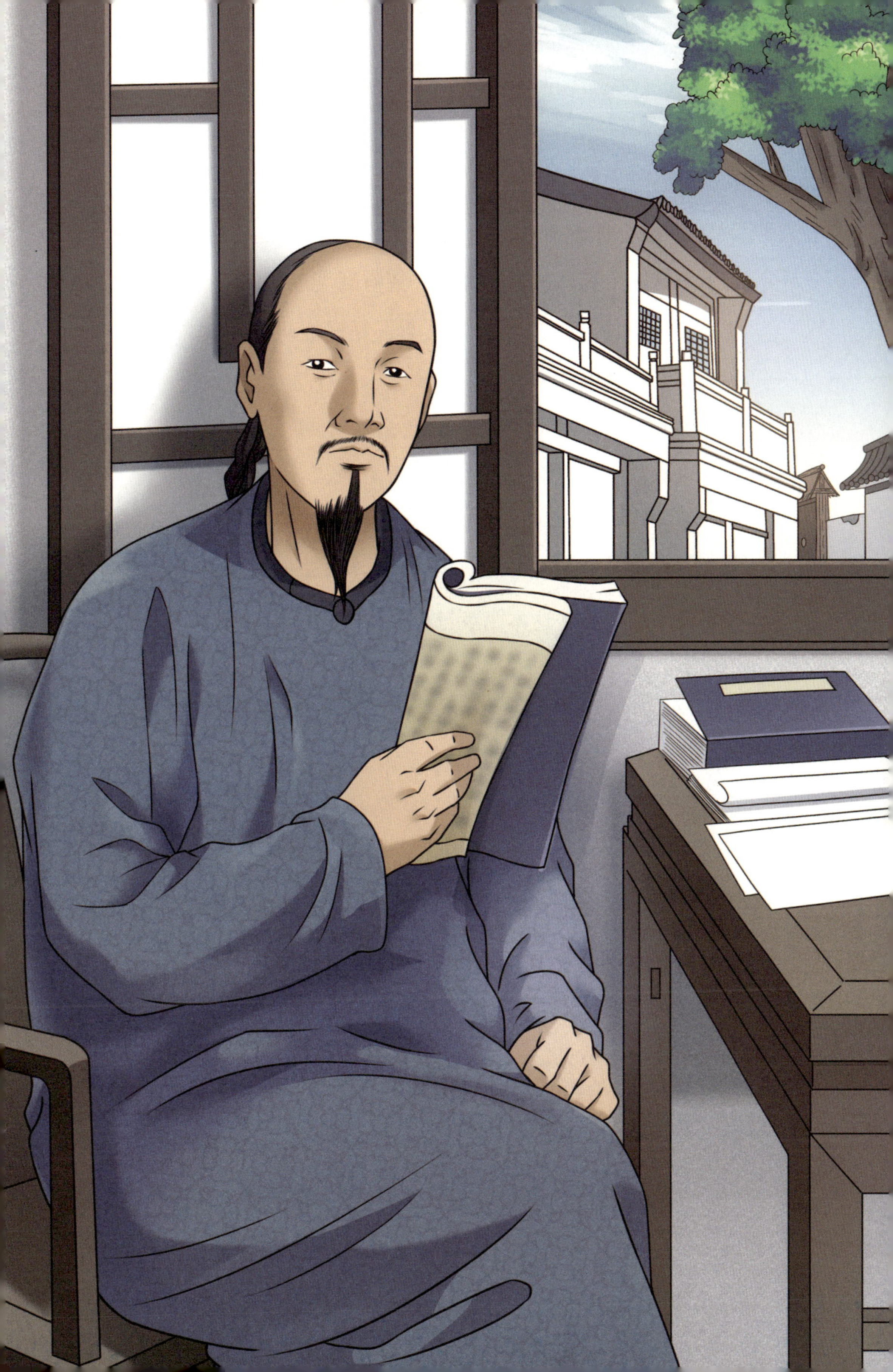

小Q：元迎探惜。

姜sir：你发现没有？这四个字的谐音是"原应叹息"，暗示了这几个姐妹最后的命运。还有甄英莲，谐音"真应怜"，就是"太可怜"的意思。如果不去好好地研究，就会错失许多细节中隐含的深义。

小Q：原来《红楼梦》有这么多有趣的细节呀！我一定要好好看看，就是有点儿担心我看不懂。

姜sir：对《红楼梦》这种恢宏巨著，就不要想着必须看透了，第一次读，了解一下情节和故事人物就可以了，毕竟光研究《红楼梦》这本书就已经成了一门学问。

小Q：一本书能有这么大影响力？还产生了一门学问？

姜sir：研究《红楼梦》的学问就叫"红学"，它横跨文学、哲学、史学、经济学、心理学、中医药学等多个学科，拥有诸多流派和分支。

小Q：《红楼梦》可真了不起呀！

姜sir：《红楼梦》是一部百科全书式的古典长篇章回体小说，是一部具有高度思想性和艺术性的伟大作品。可就是这样一部脍炙人口的书籍，在清朝却成了禁书，这又是为什么呢？我们下节见。

246 十全老人酷爱文字狱

姜sir：各位同学，大家好，我就是那个人见人爱、花见花开、车见车爆胎的姜sir。

小Q：大家好，我就是那个负责问问题的小Q同学。

姜sir：上节我们说到《红楼梦》这部著作在清朝成了禁书，这就要提到清朝的文字狱了。

小Q：文字狱我知道，在朱元璋过山车一样的文字狱那小节提到了。

姜sir：雍正皇帝去世后，接力棒就传到了爱新觉罗·弘历，也就是乾隆皇帝这里。他将康乾盛世推上了顶峰，但也亲手将它推向低谷。

小Q：我猜他也是一位前期贤明、后期昏庸的皇帝。

姜sir：乾隆是一位自幼爱好文学，特别爱写诗的皇帝。

他也自称为"一书生也"。不仅仅是清朝，他也是中国历史上写诗最多的人，光是收录进《御制诗集》的诗就多达四万余首。要知道《全唐诗》也不过收录唐朝2000多位诗人共48000多首诗。

小Q：乾隆一个人的诗集都快赶上整部《全唐诗》了！

姜sir：乾隆把写诗当作自己的娱乐休闲方式，几乎无时无刻不在写诗。吃个黄瓜写首诗，登个阁楼写首诗，连上厕所也写。不过令人尴尬的是，乾隆虽然写得多，但没有一首出名的。

小Q：我怎么感觉乾隆皇帝把写诗当成了发朋友圈呢。

姜sir：这最起码说明了乾隆皇帝对文学的热爱，可就是这样一位"爱好文学"的皇帝，制造的文字狱却是前无古人，后无来者。据统计，在乾隆时期数得上来的文字狱有130多起。相传有人写了一句"举杯忽见明天子，且把壶儿抛半边"这句诗，就是文字狱。为什么是明天子？是不是想反清复明，恢复明朝？"壶儿抛半边"的"壶"是不是谐音在说"胡人"的"胡"？在暗指清朝满族是外来者？

小Q：那《红楼梦》这本小说也有问题？

姜sir：《红楼梦》写的可是封建时代官僚贵族的兴衰史，描写了老百姓前所未闻的贵族生活。有学者认为《红楼梦》简直就是半部"乾隆史"，曹雪芹几乎把"乾隆全家"写了进去。

小Q：为什么乾隆皇帝这么喜欢文字狱呢？

姜sir：因为乾隆皇帝的文学素养高，一个文学素养极高的皇帝，对文字是非常敏感的。本身皇帝就是怕人谋反的，再加上清朝的统治者是少数民族，统治着比自己人数多几十倍的汉族人。历史上很多统治者都认为扰乱国家根本的就是文人手中的那支笔，因为文人写出来的东西很容易传播。

小Q：可是那些根本没想造反的就是冤案了啊！

姜sir：确实是冤案。此外呢，乾隆皇帝自称"十全老人"，认为自己有十件大功劳，也就是"十全武功"。

小Q：哪十件大功劳啊？

姜sir：用乾隆皇帝的话就是"十功者，平准噶尔二"，通过两次远征准噶尔部，彻底灭掉了准噶尔部，将天山南北两路全部并入中国版图；"定回部一"，南疆发生叛乱，乾隆出兵平叛，最终将叛乱的大、小和卓击溃，新疆全部纳入中国版图；"今之受廓尔喀降"，廓尔喀，也就是现在的尼泊尔，入侵西藏，乾隆皇帝两次出兵，越过喜马拉雅山脉，将廓尔喀打退。

小Q：这五件确实算得上大功劳，保卫了国家的领土完整。

姜sir：剩下的"五功"分别是"扫金川为二，靖台湾为一，降缅甸、安南各一"。

小Q：这里怎么还有台湾呢？不是早就收回来了吗？

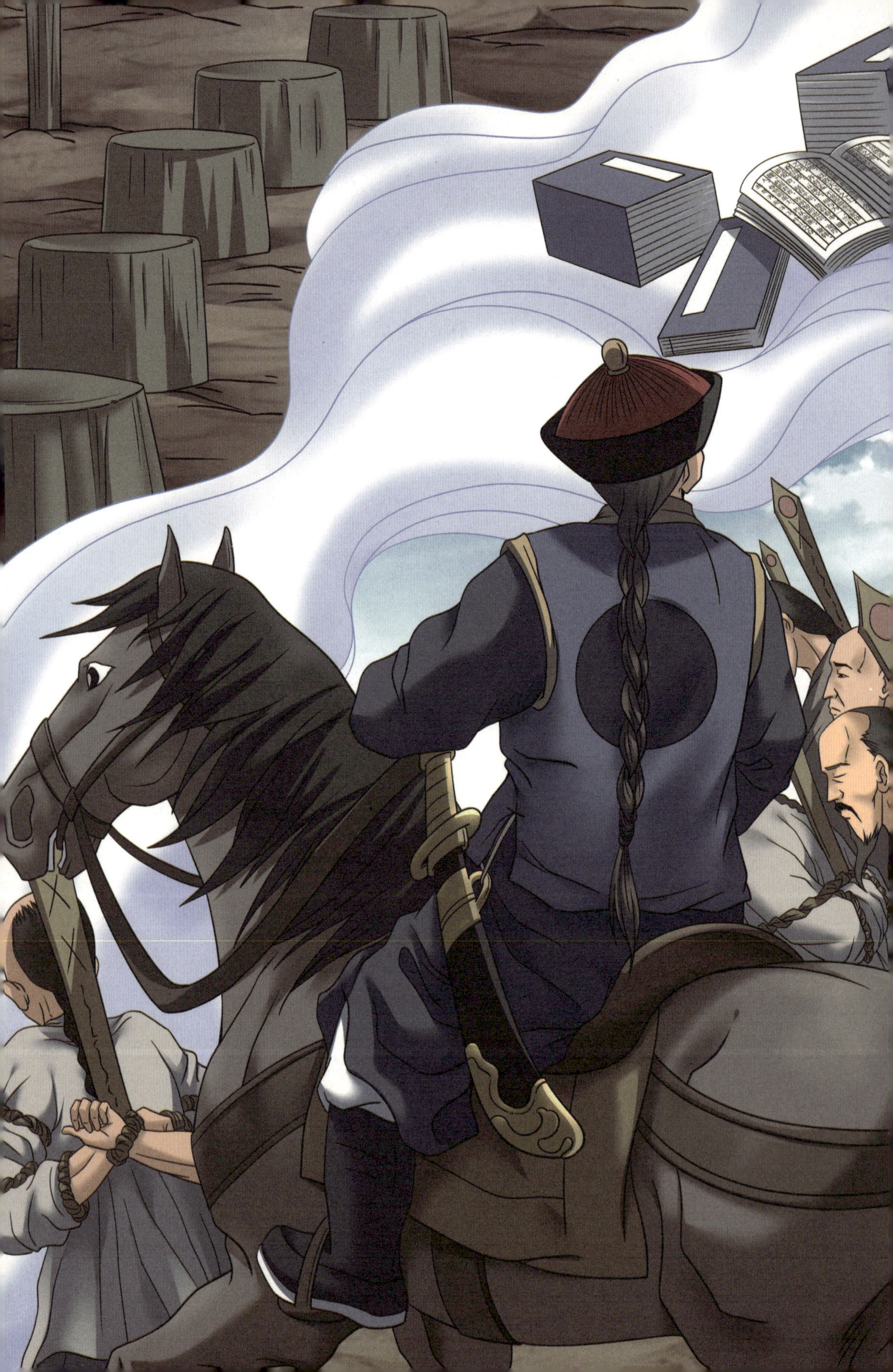

姜 sir：当时清朝人口数量爆炸式增长，但大陆土地不够用了，所以有一些人就搬到了台湾。这些过去的人拉帮结派，为了抢夺资源相互争斗。另一个严重的问题是官员腐败，这导致台湾的大量资源落到了一些官员、豪强势力的手中，而当地老百姓的生活就不好了。

小 Q：应该会有农民起义吧？

姜 sir：当时有个人叫林爽文，他为生计加入天地会，之后成为天地会北路首领。迅速发展的天地会势力引起了官府的警觉。1786 年，因当时的台湾府知府要取缔天地会，林爽文率军反抗，林爽文起义爆发。最初清朝在当地的驻军实力不强，起义军节节胜利，于是乾隆下令派大军入台镇压，最终平定了叛乱。

小 Q：不管怎么说，这十全武功还真的都打赢了。

姜 sir：客观地讲，乾隆皇帝的功绩，在历史上绝对是可以排得上名次的。但清朝衰弱的隐患也确实是他亲手埋下的，尤其是他颁布的一个政策，让清朝和世界脱轨，并且被彻底甩在世界发展潮流之外。这是一个什么样的政策呢？我们下节见。

247 别人在干吗？

各位同学，大家好，我就是那个人见人爱、花见花开、车见车爆胎的姜 sir。

大家好，我就是那个负责问问题的小 Q 同学。

姜 sir：上节我们说到了乾隆皇帝的十全武功。但乾隆皇帝却做出了一个很不明智的决定，就是闭关锁国。但当时的世界已经发生了巨大的变化。康熙年间，英国人已经用显微镜发现细胞；1687 年，英国物理学家牛顿的《自然哲学的数学原理》成书出版，引起欧洲社会的巨大轰动，书中正式提出了万有引力定律。而这一年也就是康熙二十六年。

小 Q：我一直都觉得康熙皇帝距离我很遥远，牛顿距离我很近，没想到他俩是一个时期的。

姜 sir：时间来到乾隆统治时期，英国人瓦特成功改良蒸汽机，外国出现了火车；1789年，资本主义革命——法国大革命爆发，结束了法国的君主专制统治，自由、民主、平等的思想开始传播；同一年，比乾隆皇帝小二十一岁的华盛顿就任美国首任总统。

小Q：当时真的不应该闭关锁国。

姜sir：1820年嘉庆年间，丹麦人奥斯特发现电流的磁效应；1831年道光年间，英国诗人拜伦的独生女艾达在对分析机的研究中，已经写下了后世公认的第一段计算机程序；1855年咸丰年间，英国人贝塞麦发明转炉炼钢法，使钢材可以大规模生产，国外进入大炼钢铁时代；同样的咸丰年间，比咸丰皇帝大二十二岁的达尔文出版了《物种起源》。这本书使进化论思想渗透到自然科学的各个领域，而且引起了整个人类思想的巨大革命。

小Q：已经落后这么多了！

姜sir：1867年同治年间，瑞典人诺贝尔发明硝酸甘油炸弹；1868年，日本结束了他们二百多年的闭关锁国，开始了明治维新，走上了强大的道路；1869年同治年间，俄罗斯人门捷列夫发表元素周期律，到现在学化学的时候，都是必备知识点；1879年光绪年间，美国人爱迪生改良碳丝白炽灯，让千千万万的普通家庭用上了电灯；1885年光绪年间，德国人本茨发明内燃机汽车。

小 Q：我好压抑，好难受，眼看着别的国家飞速进步，而我们却在原地踏步。

姜 sir：闭关锁国这一政策的长期推行，影响了中国吸收先进文化和科学技术，致使中国与世界隔绝，使得中国和世界脱轨，慢慢地落后于世界。"落后就要挨打"，历来如此。

小 Q：我特别想感谢现在祖国的强大！

姜 sir：客观上来说，闭关锁国政策在一定程度上阻止外国势力的渗透，确实在一段时间内维持了清王朝统治的稳定。但追求一时安逸的影响会在清朝末期暴风雨式地到来。1757年，乾隆皇帝下达了一道圣旨，"除广州一地外，停止一切对外贸易"，实施严格的通商管理制度。

小 Q：这就基本上是断绝了和外面的联系了。

姜 sir：所以皇帝的眼界，对外来的把握、掌控，对于一个国家来说非常重要。这决定着一个国家未来的走向。清朝的统治者用闭关锁国政策稳固了自己的统治，可他们对外界发展一无所知，失败是必然的。而和我们非常近的俄罗斯却走上了和清朝截然相反的一条路。

小 Q：人家是不是改革了？

姜 sir：俄罗斯曾经是一个贫穷落后的农业国，1672年俄罗斯还不准国民离开自己的国家，因为他们担心到了国外老百姓学到其他国家的思想。那个时候我们是康熙年间。但就

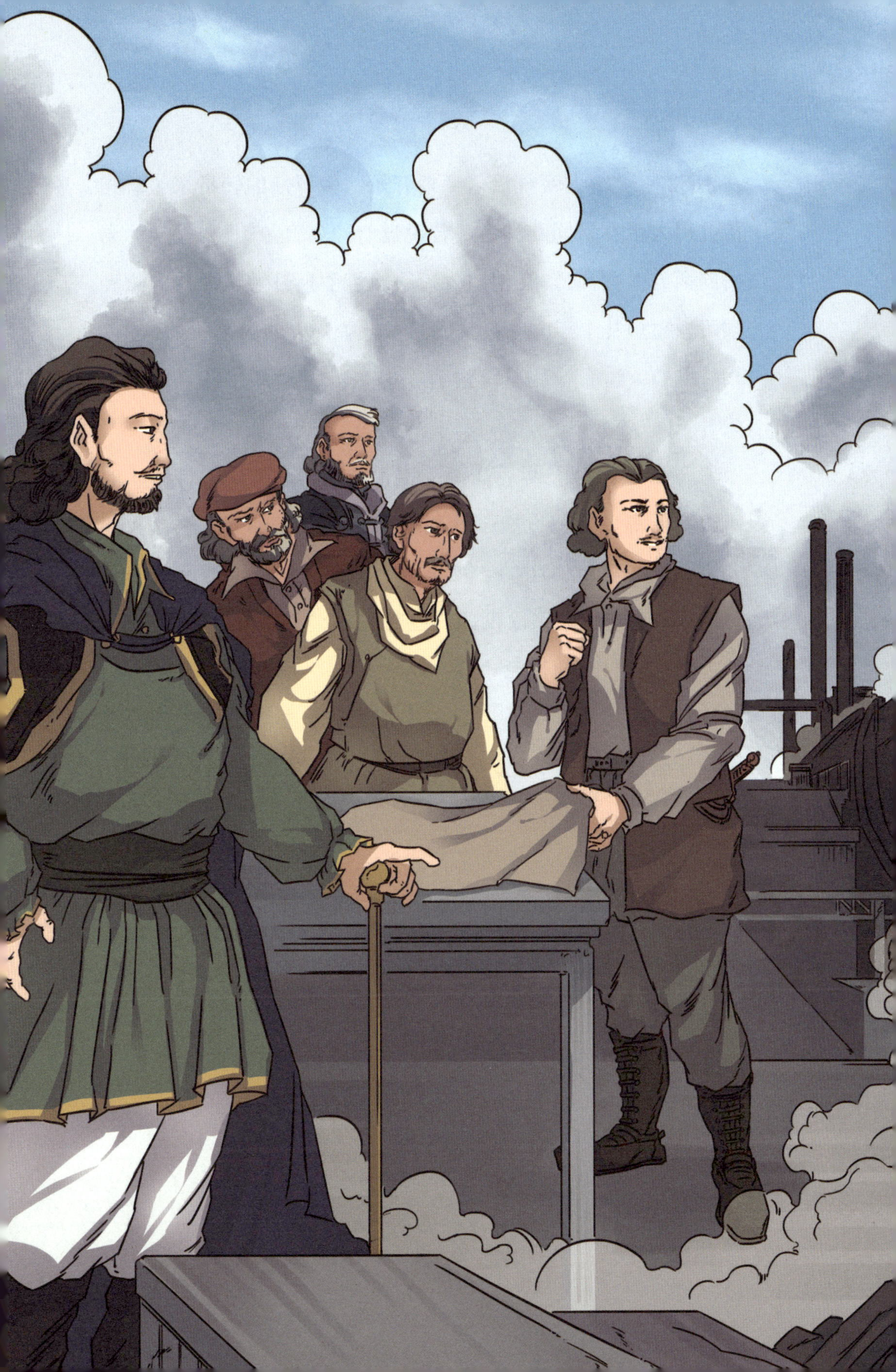

在1682年彼得大帝统治俄罗斯开始，俄罗斯的转折来了。相传彼得大帝在访问欧洲后，曾说过一句名言："我要打开一扇面向西方的窗户。"在他的支持下，俄罗斯开始全面地向欧洲学习，短短几十年时间，就成为了一个强大的国家。

小Q：没有对比，就没有伤害，人家打开了窗户，我们关上了门。

姜sir：所以，尽管康雍乾盛世将清王朝的国力推向了前所未有的高度，盛世之下的阴影却始终存在。接下来，我们要讲到康乾盛世诞生的一项重要文化成就——《四库全书》。鲁迅却对它进行过多次批评，他曾说："清人纂修《四库全书》而古书亡，因为他们变乱旧式,删改原文。"意思是《四库全书》的修订，毁了大量的古书。编书却为什么要毁书呢？到底发生了什么？我们下节见。

248 《四库全书》的功过是非

各位同学,大家好,我就是那个人见人爱、花见花开、车见车爆胎的姜 sir。

大家好,我就是那个负责问问题的小 Q 同学。

姜 sir:小 Q,你还记得明朝的《永乐大典》这套书吗?

小 Q:记得记得,到现在原版都还没找全。

姜 sir:因为《永乐大典》的缺失,乾隆当时的一些学者一直想将《永乐大典》补全。但《永乐大典》毕竟是明朝时期编修的,还不如清朝自己编写一部更详细、更全面的书籍,还能显示乾隆的功绩,并且编书也和康熙有点儿关系。

小 Q:康熙皇帝都去世了,和他有什么关系?

姜 sir:乾隆可以说是康熙最喜爱的孙子,从小就陪伴在爷爷身边写诗练字。而康熙重视文化建设,组织编写了很多大型书籍，比如我国第一部以"字典"命名的工具书——《康熙字典》。

小Q：那个时候就有字典了啊？

姜sir：当然了！而且《康熙字典》还不是最早的。我国历朝历代都非常注重字典的编写工作。著名的《说文解字》，由东汉许慎编写，全书共15篇，共收字10516个。1710年，康熙命令大臣编写一部包括所有汉字的书。这部书历经6年才编完。全书42卷，附《补遗》《备考》，共收字47035个。康熙认为这部字书兼有各家的优点，可以当作用字的"典常"，于是将它命名为"字典"。

小Q：还真是大型书籍，还有其他的吗？

姜sir：历经康雍两朝编成的《古今图书集成》这部类书对乾隆编《四库全书》的影响更大。

小Q：所以乾隆皇帝也要模仿爷爷，编出一套厉害的丛书。

姜sir：《四库全书》的负责人之一是纪昀（yún），就是著名的纪晓岚。当时由360多位高官、学者共同编写，用了3800多人去抄写，历经十三年编成这套书。《四库全书》分为经、史、子、集四部分，所以叫"四库"。乾隆皇帝命人手抄了七部《四库全书》，分别藏于全国各地。

小Q：那这套书一定很厚。

姜sir：全书近八万卷，装订成36000多册，如果一页接一页连起来，可以绕地球赤道一圈。《四库全书》收录了从先秦到清乾隆前期的众多古书，涵盖了古代中国几乎所有学术领域，还收入了西洋传教士从国外传入或自行撰写的著作。

小Q：那这套书不是挺好的吗？为什么会被鲁迅批评呢？

姜sir：与其说鲁迅在批评《四库全书》，不如说他在批评《四库全书》头上的"钦定"二字。"钦定"是什么呢？就是由皇上亲自裁定。那乾隆皇帝能允许有人在书里说清朝的坏话吗？当时乾隆下令，让全国有收藏书籍的人都要自己检查，但凡发现书中有不利于清朝统治的言论立即上交。如果不上交，一旦被官府查明，就要判罪。所以大量的图书被销毁，有国家官方统一销毁的，也有一部分被老百姓主动销毁的，毕竟担心被查出来。

小Q：那毁了很多书吗？

姜sir：据统计，被查禁的书籍总数有3000余种，合计15万多部。除此之外，还有大量明代档案被彻底销毁，剩下的部分也被清朝大量修改。所以《四库全书》的贡献是值得称赞的，但在编修过程中的销毁和篡改，也是让我们后人遗憾和惋惜的。

小Q：哪怕放一个仓库，也还能流传下来。

姜sir：所以乾隆是一个功和过都很明显的皇帝。先说功，他取得了辉煌的政绩。乾隆年间的清朝，政治安定，国库充实，

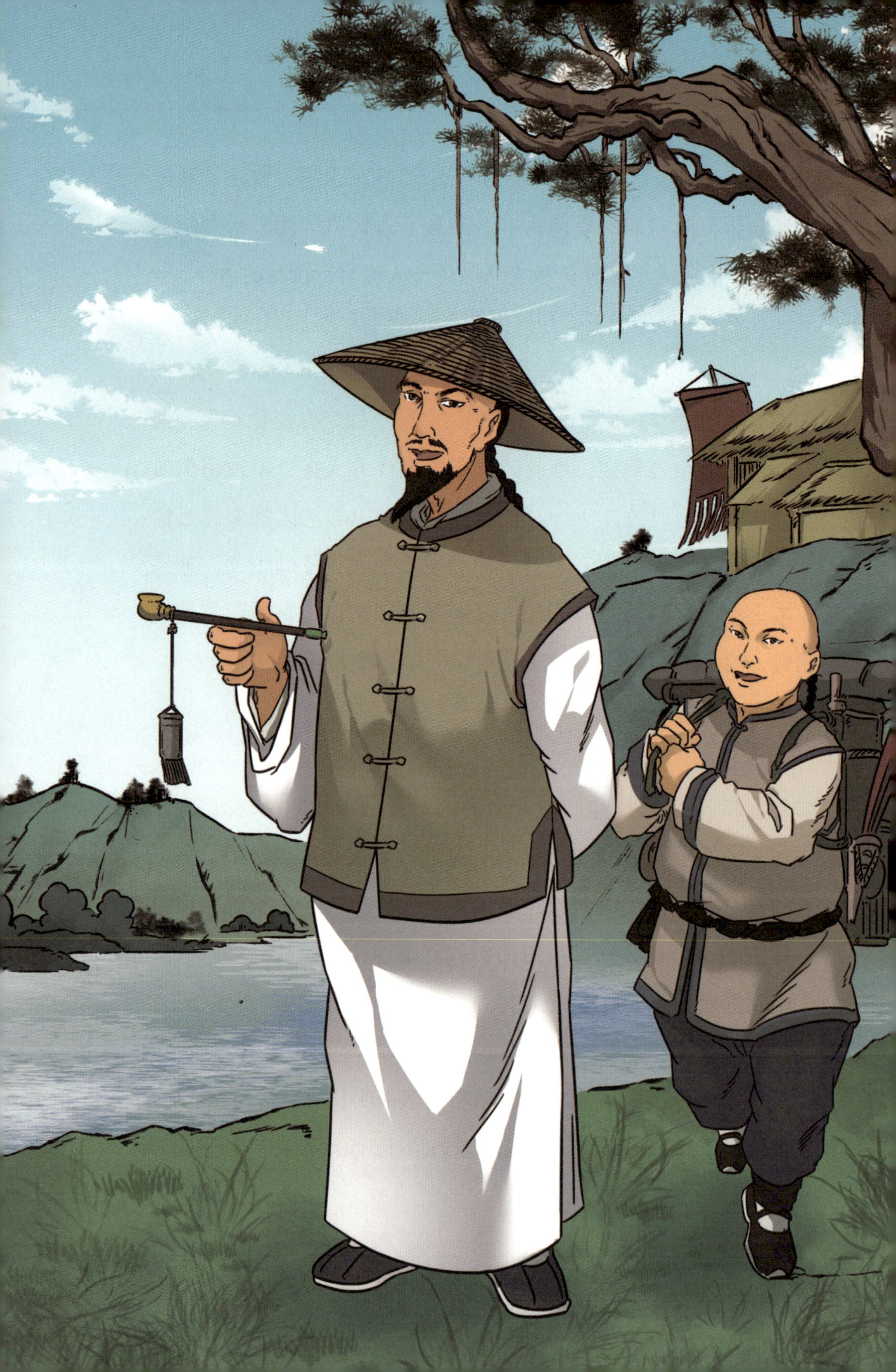

没有任何人敢挑战皇权。人口数量达到了惊人的3亿，这个数字在此前任何一个朝代都是无法想象的。但这一时期的思想控制也达到了一个新的高度，统治者大兴文字狱，阻碍了人们的思想进步。同时，外面的世界正在发生空前的变化。乾隆错误地估计了世界形势，让中国落后于世界。接下来接力棒传到了嘉庆这里，而嘉庆除掉了他爸爸超级喜爱的大臣，这个大臣是谁呢？嘉庆又为什么这样做呢？我们下节见。

249 大贪官和珅

> 各位同学,大家好,我就是那个人见人爱、花见花开、车见车爆胎的姜 sir。

> 大家好,我就是那个负责问问题的小 Q 同学。

姜 sir:上节我们说到乾隆将皇位传给了嘉庆,而嘉庆在乾隆去世后不久,就将乾隆超级喜欢的和珅给收拾了。

小 Q:和珅是谁啊?

姜 sir:和珅可是中国历史上有名的贪官,一度权倾天下富可敌国。他原名善保,姓"钮祜禄",据说嘉庆从他家抄得八亿两白银,相当于当时清政府十五年的收入。和珅三岁这一年,他的母亲去世了,九岁的时候,父亲因病去世,和珅明白,要想改变自己的命运,只能靠自己。从故宫西华门一进门,路北有一个宫殿叫"咸安宫",这就是故宫里面的学校。

在这里和珅不光学会了汉语、满语，还学会了蒙语、藏语。

小Q：这么努力，真想不到他后来会变得那么坏。

姜 sir：从一名勤学刻苦的学子，到一代专权营私的巨贪，确实令人感叹。和珅在上学的时候引起了一个人的注意，这个人叫冯英廉。时任直隶总督。而冯英廉第一次见到和珅就觉得他"机敏且善察言观色，相貌白杳（yǎo）而英俊，少有大志，他日前途不可估量"。冯英廉家大业大，只可惜人丁单薄，只有一个儿子还因为在地方官任上犯错误，被朝廷处死，只留下一个孙女。冯英廉准备把孙女嫁给和珅，嫁妆一送就是2万两银子。

小Q：这是天上掉馅饼了。

姜 sir：和珅本身是想通过科举出人头地的，但冯英廉告诉他，没必要把时间浪费在科举上，满族人是享有特权的，不参加科举照样当官，因为和珅有世袭的官职。等到和珅十九岁，冯英廉给和珅找了个銮（luán）仪卫的工作，就是皇家仪仗队，这样和珅很快地就开始接触到皇上。

小Q：看来和珅要抓住机会了。

姜 sir：有一次，一个侍卫急匆匆跑到皇帝轿子前面，说一个罪犯跑了，跑国外去了。当时乾隆很生气，说了一句话，这句话来自《论语》："虎兕（sì）出于柙（xiá），龟玉毁于椟（dú）中，是谁之过？"意思是老虎和犀牛从笼子里跑出，占卜用的龟甲和祭祀用的玉器在匣子里毁坏，这是谁的过错呢？就在这时候，和珅回了一句，也是《论语》里面的一句话，是"典守者不能辞其责耳"。意思是，谁的责任？守卫的责任。

小Q：这肯定引起乾隆的注意了。

姜sir：乾隆当场就考了和珅一段《论语》，和珅不仅背下来，还说了意思。于是和珅升官了，相当于乾隆皇帝的贴身保镖。接下来的速度就像火箭一样，二十六岁的时候和珅当了军机大臣，还担任内务府总管大臣。二十八岁任户部尚书，同时担任御前大臣，还担任了理藩院尚书。

小Q：乾隆也太重视和珅了。

姜sir：二十九岁的时候又当了兵部尚书，后来又兼任了吏部尚书。从二十六岁到三十二岁，几十个官职，几十个部门的第一把手，都归和珅一人。

小Q：就因为当年的一段《论语》吗？

姜sir：首先，和珅特别擅长察言观色，他对乾隆的脾气、心理、习惯了如指掌，皇帝想做什么，他都能猜到八九不离十，不等皇帝开口，他就能吩咐人做好。

小Q：可真会拍马屁。

姜sir：当年英国使者马戛尔尼在日记中写到使团觐见和珅说他："容貌端重，长于语言，谈吐隽快纯熟。"可见和珅是个相当有风度的人。可惜金玉其外，败絮其中，他没有用

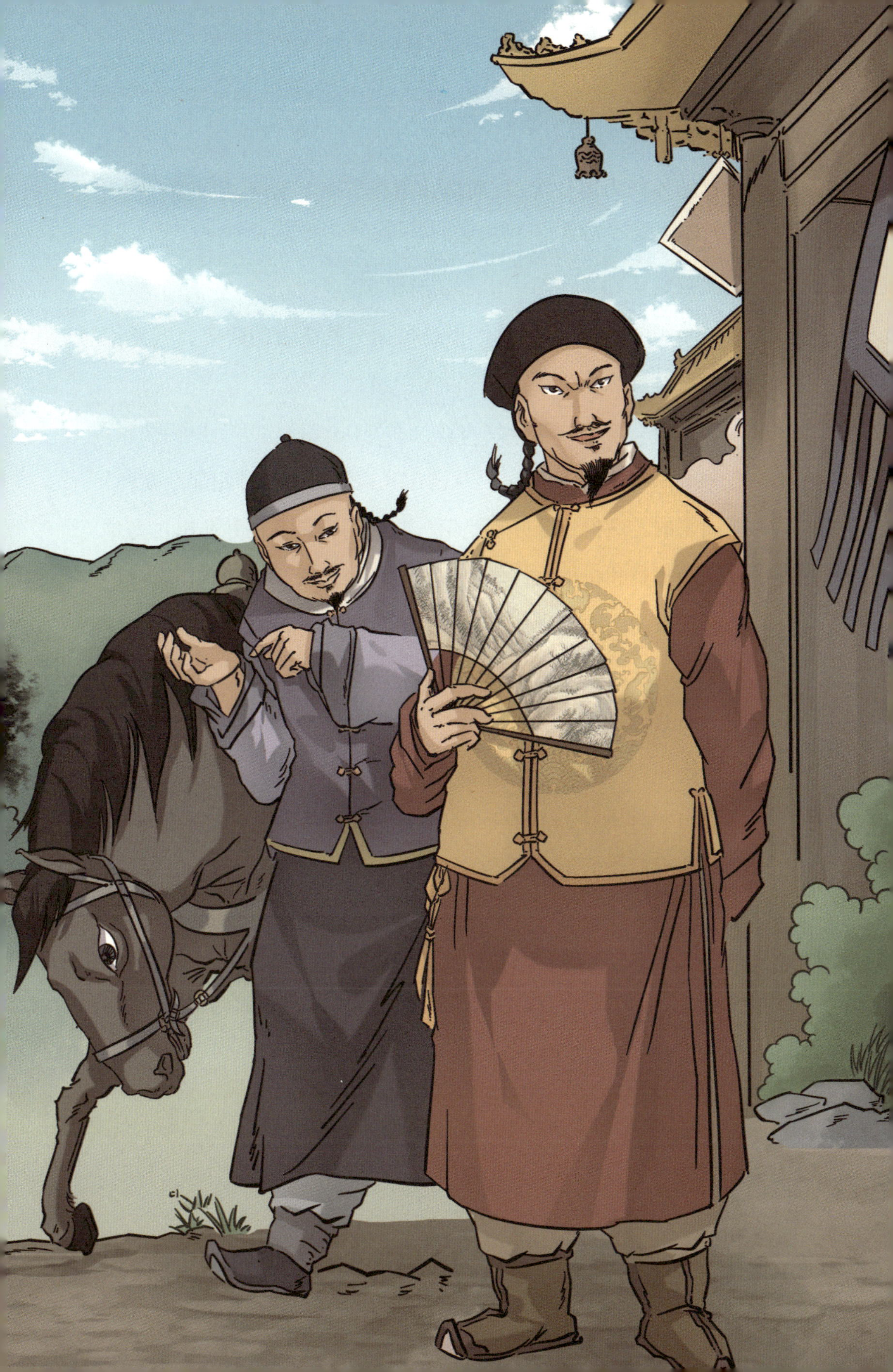

自己的才华为国分忧，反而把它用在了揣度圣意、逢迎拍马上。

小 Q：乾隆作为皇帝责任也很大。没有他的纵容，和珅怎么能贪污到 8 亿两白银这么多钱？

姜 sir：你说得很对，不过根据一些学者的研究，实际上可能没有这么多。

小 Q：整个清朝的收入基本都到他家了，是有点夸张。

姜 sir：这个数字，是从清道光以后的《和珅犯罪全案档》里面来的。这份记录并不是第一时间的记录，也并非出自当年办案的官员和机构。许多数据与我们今天看到的清宫档案材料是有出入的，而且当年嘉庆赐死和珅后，并没有对他的家产进行彻底清点，所以就更难计算和珅的具体资产了。

小 Q：那和珅贪的也不少吧？

姜 sir：长期以来流传着一句话，"和珅跌倒，嘉庆吃饱"。但查封和珅的这些钱真的够用吗？嘉庆皇帝面对的烂摊子有多麻烦呢？我们下节见。

250 不断试探底线

> 各位同学，大家好，我就是那个人见人爱、花见花开、车见车爆胎的姜 sir。

> 大家好，我就是那个负责问问题的小 Q 同学。

姜 sir：上节我们说到长期流传的说法"和珅跌倒，嘉庆吃饱"，但嘉庆皇帝心里苦啊，别看当时查抄和珅的钱很多，但花钱的地方太多了，比如平定白莲教起义。

小 Q：白莲教不是在元朝末期就发动过起义吗？怎么清朝还有？

姜 sir：元朝末期的红巾军起义，的确和白莲教有关。明朝开国皇帝朱元璋早年就是从红巾军起家的，但是他登基后却大力禁止白莲教。此后，在明朝历代皇帝的严密监控下，白莲教没有再形成太大的势力，他们主要是借着白莲教的名义去赚钱。并且白莲教内部产生了各种派别，什么信仰都有：信阎王爷的、信玉帝的、信祖先的，等等。

小 Q：为什么灭不掉呢？

姜 sir：在古代，其实绝大多数老百姓是没有读过书的，这就让白莲教抓住了机会。老百姓需要精神寄托，但还要为生计劳作，不可能每个人都去专门信奉佛教或者道教，白莲教就允许教徒在家修行，他们讲的内容也特别容易理解，没读过书的人也听得懂。而且白莲教里有很多派别，总能找到一款适合自己的，所以白莲教在民间很活跃，政府很难将他们彻底剿灭。

小 Q：看来提高全民文化水平才管用。

姜 sir：清朝时，白莲教又多了"反清复明"的旗号。当正面抵抗清朝没有效果的时候，那些对清朝不满的人，就会加入反抗清朝的秘密组织当中，而白莲教就是其中之一。

小 Q：那清政府肯定会镇压的。

姜 sir：乾隆后期，政坛奢靡腐败，土地兼并严重，社会矛盾激化，嘉庆元年，白莲教起义爆发。起义的参加者一度达到几十万人。面对清军的围剿，他们避开正面对抗，采取"忽分忽合、忽南忽北"的流动战术。

小 Q：感觉这种起义，短时间不好解决。

姜 sir：这次白莲教起义历时9年，为镇压起义军，清朝调集天下兵马,耗费十六省数十万兵力,提督、总兵、副将等武官,共计 400 多人阵亡,士兵伤亡更是难以计数,国库相关支出高达 2 亿两白银。这还只是白莲教一个问题,乾隆晚年时,黄河多次决口,到了嘉庆这里,随着人口增长、环境恶化,再加上河政腐败,治理黄河成了又一个难题,那真是花钱如流水。

小 Q:嘉庆从和珅那查来的这点钱,是真不够用了。

姜 sir:所以有一种说法是:清朝一步步走向衰亡,是从嘉庆这里开始的。

小 Q:嘉庆到目前为止好像也没干什么坏事,没觉得他是个昏君啊!

姜 sir:身为一国之君,只能做到"不算昏庸"是不够的。嘉庆能够被称为"清仁宗",说明他的确做了一些好事,比如打掉贪官和珅,提倡节俭。还有一件事情是非常值得称赞的,就是基本废除了文字狱。

小 Q:太好了!

姜 sir:但嘉庆依然没有解除闭关锁国的政策,而这时候的清朝已经远远落后于世界。此时英国注意到了清朝的情况,开始一步一步地试探清朝的实力。英国商船经常在兵舰护送下,在中国东南沿海地区侵扰,抢劫其他国家的商船货物。

小 Q:那清朝没有制止吗?

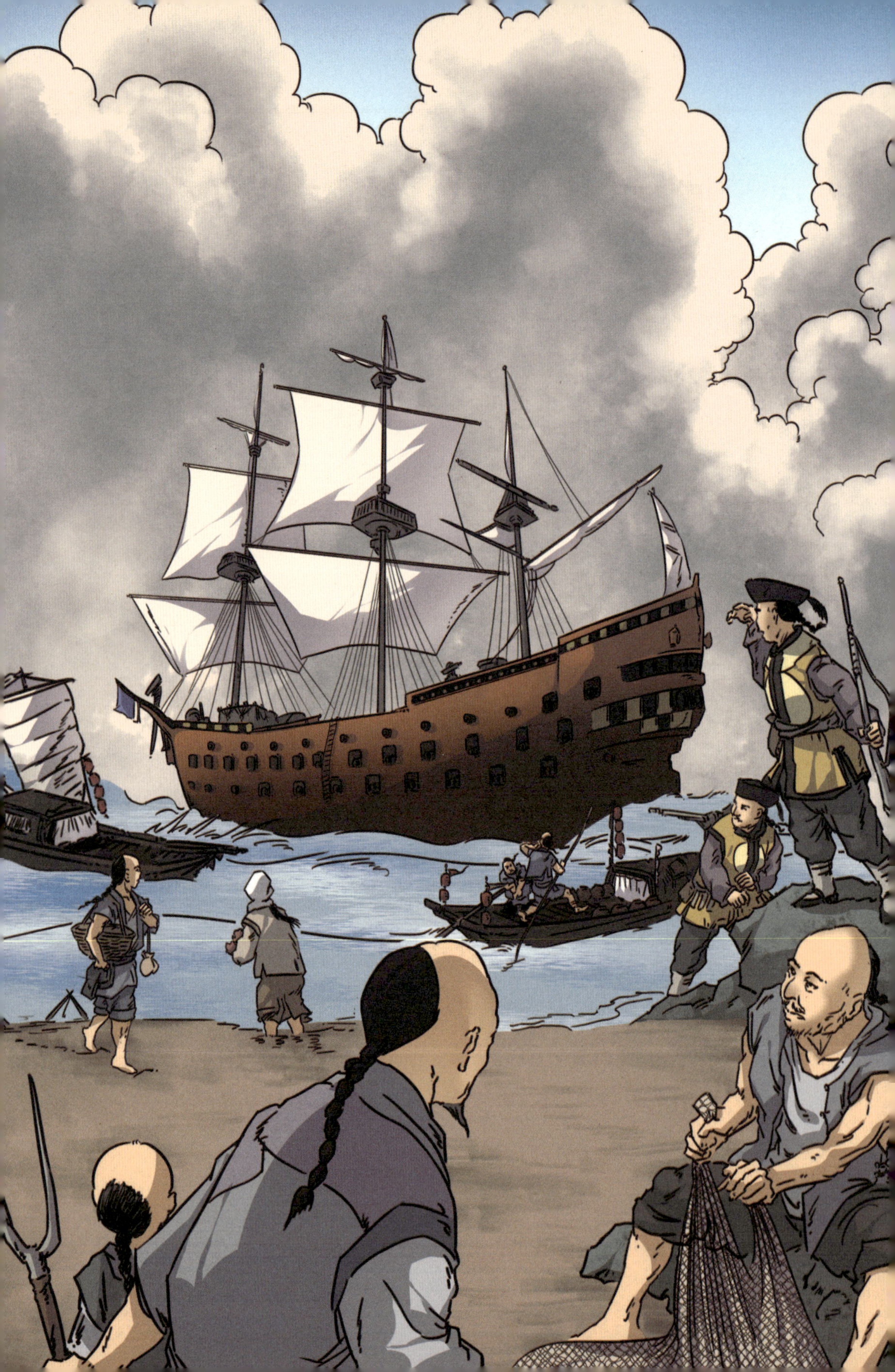

姜 sir：1802年，英国趁法国、西班牙侵入葡萄牙的机会，将兵船开到零丁洋，试图进驻澳门。当时的澳门正被葡萄牙人非法占据，英国想要夺取澳门，葡萄牙人肯定不愿意。嘉庆得知后，立即出兵干预，英国的诡计没有得逞。

小 Q：但我觉得他们还会来。

姜 sir：被你说对了！1808年，英国又以防备法国侵占澳门为借口，在没有通知清朝的情况下，派英军占据澳门炮台三处。这下清政府大怒，停止中英所有贸易，并且进行严厉警告。对方见清政府调集军队，便退出了澳门。

小 Q：每次都差一点就开战。

姜 sir：由于中国太过庞大，英国不敢轻易动手，同时在欧洲战场上，法国的拿破仑让英国也是压力很大，根本没办法抽调兵力进攻中国，只能不断试探清朝的底线。等到拿破仑战败的时候，英国将目光盯向了中国。1816年，英国派出使臣前往清朝，谋求打开中国市场，扩大对华贸易，尤其是要保证对华鸦片贸易。而早在嘉庆继位之初，他便宣布停征鸦片税，禁止鸦片进口。英国见外交手段不灵，于是准备采用武力。一场战争在所难免。那么鸦片到底是什么？鸦片战争又是怎样发生的呢？我们下节见。

251 鸦片这个破玩意儿

各位同学,大家好,我就是那个人见人爱、花见花开、车见车爆胎的姜 sir。

大家好,我就是那个负责问问题的小 Q 同学。

姜 sir:上节我们说到,嘉庆禁止了鸦片贸易。但是上有政策,下有对策,英国人竟然买通清朝官员,走私鸦片运入中国境内。而运送鸦片的走私船竟然就是清朝的那些官方船只。鸦片进入中国后,就成为中国近代苦难的根源。提到鸦片,会勾起中国人一段段痛苦的回忆。

小 Q:鸦片到底是什么东西,危害这么大?

姜 sir:鸦片俗称大烟,是从罂粟中提炼出的一种初级毒品。现代人知道鸦片是毒品,是不能碰的。但在历史上,鸦片很多时候竟然被看作一种灵丹妙药。在古埃及,鸦片被用来消肿、止痛、治外伤。我国的许多医书上也有罂粟药用的相关记载。

小Q：那鸦片又是怎么成了"毒品"呢？

姜sir：直到19世纪初，鸦片还没有被人们当作一种毒品。欧洲许多人还认为"鸦片无害"，甚至有些国家还会给士兵发鸦片。而中国最初把它当作一种观赏植物。宋朝以后，人们逐渐了解了鸦片的药用价值，认识到这是一种猛药，使用时要非常小心。直到明朝中期，中国还基本上不存在吸食鸦片上瘾的人，因为太贵了。

小Q：那怎么在清朝产生了这么大危害？

姜sir：鸦片是毒品，一旦吸上，就会上瘾，非常不好戒掉。本来鸦片是一种奢侈品，被上流社会垄断。但随着鸦片价格的下降，吸食鸦片这种"时尚"也扩散到了平民当中。吸食鸦片的人越来越多，甚至出现了专门供应吸鸦片的烟馆。雍正、乾隆两代皇帝都曾下令禁烟，依然屡禁不止。等到嘉庆登基之后，英国每年向中国输入的鸦片已经多达四千箱左右。

小Q：那清朝得赶紧想办法啊，这么多鸦片都进入中国了。

姜sir：最初英国人、法国人和美国人这些外国人，只是对中国的丝绸、瓷器、茶叶感兴趣。但在相当长的时期里，中国人只对他们的一样东西感兴趣，就是银子。他们的商品在中国卖不掉，却要花很多钱来买中国的商品，这当然让这些外国人很不高兴。而当他们发现清朝吸鸦片的人越来越多，于是他们开始进行罪恶的鸦片三角贸易。

小Q：什么是鸦片三角贸易？

姜sir：就是将英国的商品卖到印度，英国人赚钱；然后在印度用很便宜的价钱买鸦片，把印度鸦片高价卖给中国，英国人也赚钱；然后再从中国购买丝绸、瓷器和茶叶等，运往欧洲，英国人还赚钱。

小Q：太无耻了！他们拿走的是好东西，给中国留下的是毒品。

姜sir：欧洲人通过大量向中国走私鸦片获取暴利，到了后来，中国的商品已经不够支付鸦片的钱，那些银子，又回到了欧洲人的手里。利用鸦片，欧洲掠夺了中国的巨额财富。

小Q：当时吸鸦片的人具体有多少呢？

姜sir：这个数字没有办法统计，有的版本是1880年的时候，吸食鸦片人口在800万左右。当时全国人口数量在4亿左右，也就是平均50人中就有1人吸鸦片；有的版本说吸食鸦片的人有1000万，相当于每40人中就有1人吸鸦片。

小Q：太可怕了，就没人能管管吗？

姜sir：嘉庆去世，道光皇帝即位，1839年，道光任命林则徐为钦差大臣去广东主持禁烟。

小Q：太激动了，终于有人制止了！

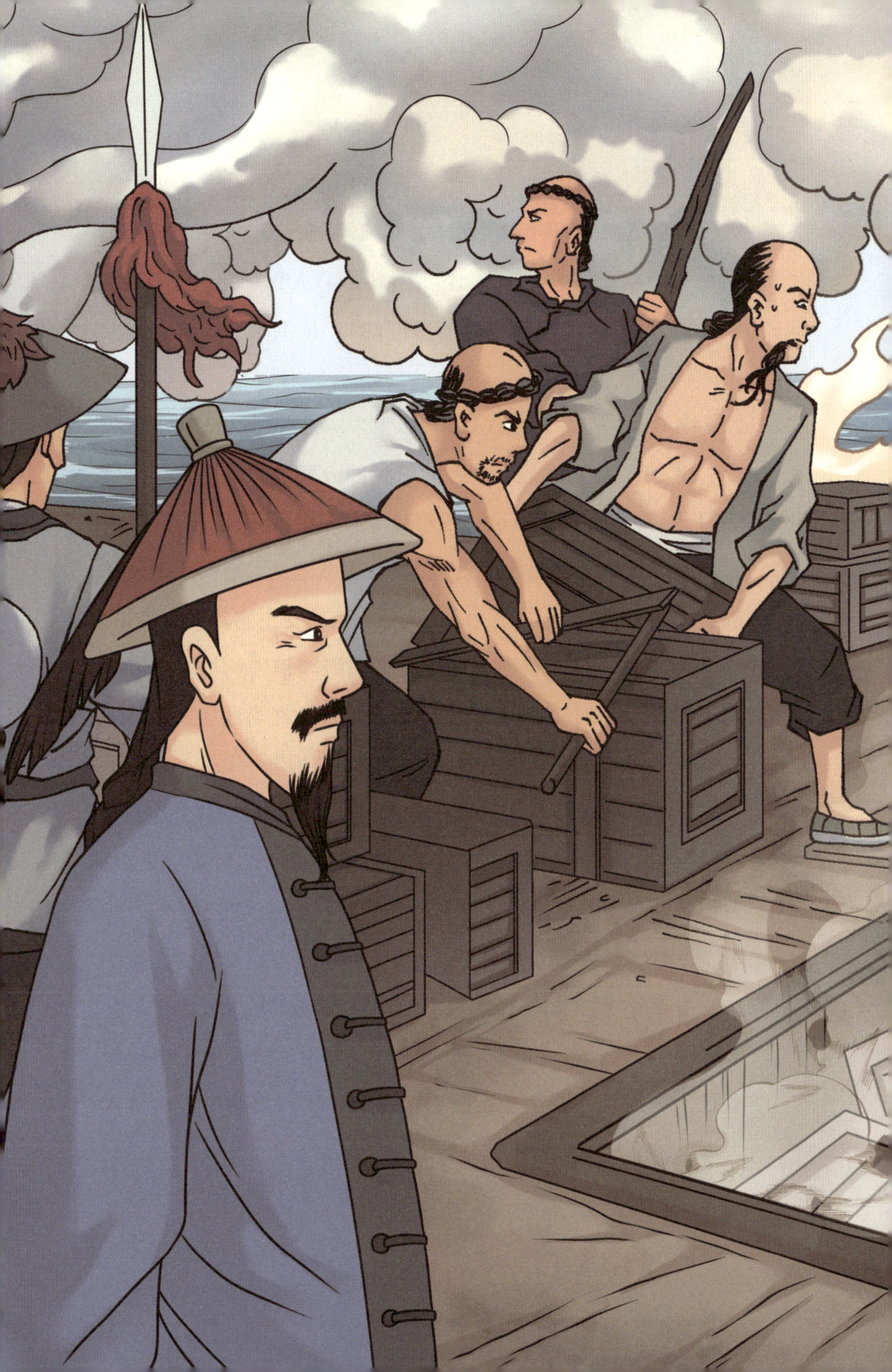

姜 sir：林则徐到达广州后立即开展禁烟行动，要求但凡吸鸦片的人要立即上交烟土烟具，必须戒掉。同时要求外国鸦片贩子交出全部鸦片。还要求外国商人保证，以后来船，不能携带鸦片，一经查出，鸦片没收，且不管哪国人，都要判刑。

小 Q：那些和鸦片走私犯勾结的官员肯定会反对的吧？

姜 sir：林则徐的禁烟行动遭到部分官员的阻挠和英美商贩的抵制。但林则徐表示："若鸦片一日未绝,本大臣一日不回,誓与此事相始终,断无中止之理。"意思是，不把鸦片这事解决了,我不走了。短短两个月,英美商人就交出鸦片2万多箱。1839年6月3日，林则徐下令在虎门海滩销毁鸦片，至6月25日结束，历时23天。销毁的时候，还准许当地居民和外国人到场参观。这就是震惊中外的"虎门销烟"。

小 Q：听着真解气，就应该把这些坏东西一把火烧了。

姜 sir：林则徐虎门销烟可不是用火烧的，如果用火烧，冒出的烟，不就相当于让所有人在一起吸鸦片了吗？

小 Q：那是怎么处理的？

姜 sir：鸦片最怕盐水和石灰，在海边挖几个大池子，池子底部铺上石头，将海水引入池中，将鸦片放到池子中浸泡多日，再投入生石灰，石灰遇水沸腾，鸦片溶解。最后排入大海里，鸦片就此销毁完毕。

小 Q：原来是这样！这还真得需要一定的科学知识。

姜 sir：在这里，我们一定要知道，鸦片就是毒品，在我们的生活中，大家一定要珍爱生命，远离毒品。摒弃一切没有必要的好奇心，不要盲从，千万不要相信"吸一口没事"。

小 Q：嗯，拒绝毒品，从我做起！

姜 sir：1840年，林则徐在虎门销烟以后，英国以保护居住在中国的英国人为名，出动军舰进攻广州，清朝能否挡住英国的进攻呢？我们下节见。

252　第一次鸦片战争

各位同学，大家好，我就是那个人见人爱、花见花开、车见车爆胎的姜 sir。

大家好，我就是那个负责问问题的小 Q 同学。

姜 sir：上节我们说到林则徐虎门销烟，向全世界展示了中国禁烟的决心。但是英国却不肯善罢甘休，他们回到英国制造舆论压力，让英国人觉得他们的国民在中国被欺负了。英国驻华商务监督义律公然违抗禁烟政策，无视林则徐让英国商船限期离开的谕令，任由它们在尖沙嘴海面非法漂荡。1839 年 7 月 7 日，一群英国水手因为醉酒和附近的中国村民发生冲突，双方爆发了混战，其间一位名为林维喜的中国村民被打成重伤去世。

小 Q：这清政府肯定得抓罪犯啊。

姜 sir：可是义律拒绝交出犯人，并试图贿赂家属隐瞒真相。阴谋被拆穿后，他又以英国人在中国拥有"领事裁判权"为由，要求按照英国法律审判打死的水手。林则徐代表的清政府坚决要按照清朝法律去判刑。杀人偿命，要判死刑。所以义律在没有通知林则徐的情况下，在他们自己的商船上私设法庭对水手进行了审判，其中两人判处三个月的监禁和向英国上交 15 英镑罚金，另外三人被判处六个月的监禁和向英国上交 25 英镑罚金。

小 Q：这可是一条人命啊！就只有这样？

姜 sir：林则徐知道后，非常愤慨，下令终止双方的贸易关系，派重兵进驻澳门，准备驱逐所有英国商人。英国再次派人和林则徐展开谈判，要求解除禁令，恢复正常贸易关系，但遭到林则徐拒绝。1839 年 11 月 3 日，英国两艘军舰在穿鼻洋挑衅，率先开炮，清军英勇抗击，双方在海面上展开激战。

小 Q：结果怎么样？我们赢了吗？

姜 sir：单从结果上看，英国的军舰确实被赶走了。但是，因为清军是突遭袭击，本身装备又落后，所以损失相当惨重。资料显示，有 3 艘兵船进水，15 人阵亡，数十人受伤。据说当时水师提督关天培亲自站在船桅前指挥战斗，手和脸都被弹片擦伤，血流不止。

小 Q：感觉清朝的军事实力已经不太行了。

姜sir：是的。林则徐在广东期间，清朝和英国发生过多次小规模的冲突，尽管最后都是清朝取胜，但后面的一系列战争，却让我们看到了清朝和英国实力的差距。英国政府决定派出更强大的兵力。他们不仅要恢复罪恶的鸦片贸易，还要从中国抢走更多利益。

小Q：英国派了多少人？

姜sir：1840年6月，英国军舰四十多艘、士兵四千多人先后到达广东附近海面，封锁海口，鸦片战争爆发。7月，英军攻占定海，8月，英国舰队抵达天津大沽口外。

小Q：哎呀，天津和北京可太近了。

姜sir：于是道光皇帝害怕了，倒向了投降派，他下令罢免林则徐，改派琦善去和英军谈判。

小Q：我怎么感觉一下子就回到了宋朝呢？

姜sir：道光皇帝以为，英国人只是想来做做生意，只要惩办了林则徐，他们就会满意离开。琦善等人到广州后，立刻和林则徐走了相反的路线，命令撤除海上防守，并镇压那些积极抗击英国军队的百姓，一心想着和谈。但英国早就不满足于那一点点利益了，1841年1月7日，攻陷了虎门附近的沙角、大角两座炮台，1月26日，英军攻占了香港，逼迫清政府割让香港岛。

小Q：这也太可恶了！

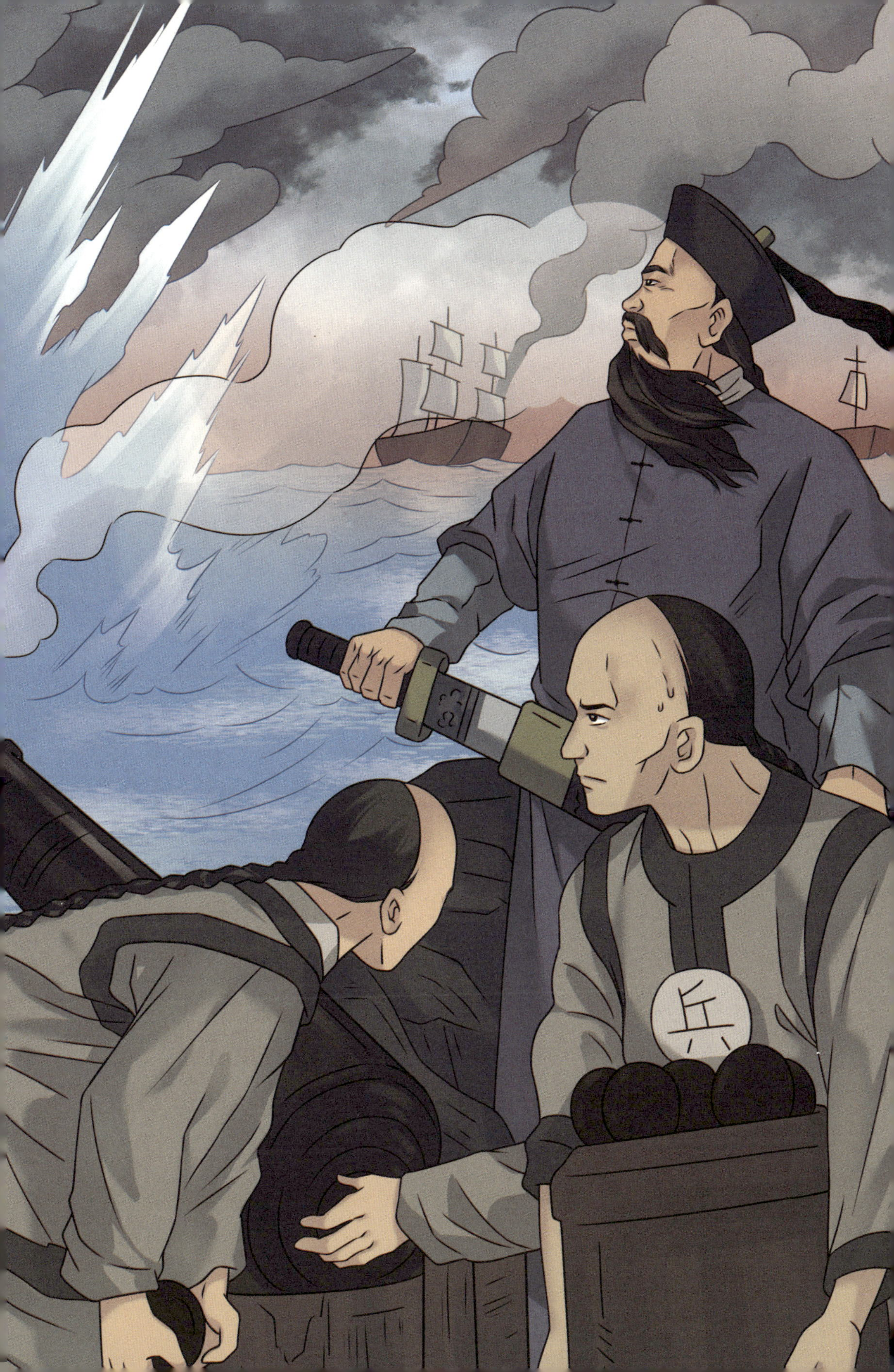
兵

姜 sir：道光皇帝也不干了："我已经做出很大让步了，你还打我？开战！"1841 年 2 月 26 日，英军进攻虎门，广东水师提督关天培亲率军队迎击，此前他已将自己脱落的牙齿和一些旧衣物送回家乡，表明与虎门共存亡的决心。守军与英军激战一个半小时之久，最后仅剩关天培、麦廷章等 20 多人坚守炮台，全部壮烈殉国。虎门失守。5 月 24 日，英军进攻广州，在英军的迅猛攻势下，清朝不得不与英国签订《广州和约》，又称《广州停战协议》，给英国 600 万元作为"赎城费"，用我们自己的钱，把我们自己的城市和炮台换回来。

小 Q：太丢人了！

姜 sir：和约规定，一周内要把钱给完，14 天没给齐，再给人家 200 万。20 天没给齐，一共给 900 万。

小 Q：真是气人！

姜 sir：就这样，英国政府还不满足呢，要扩大侵略战争。1841 年 8 月 21 日，英军进攻厦门，此后一路北犯，定海、镇海、宁波相继失守，道光只得向英军求和。但英军根本不理睬。接下来英国军舰打到了江宁（今南京）江面，清政府被迫接受英国停战的条件。1842 年 8 月 29 日，清政府与英国签订了中国近代史上第一个丧权辱国的不平等条约——《南京条约》。

小 Q：听着太难受了。

姜 sir：这个条约到底是什么内容呢？为什么这一事件被称为中国近代史的起点呢？我们下节见。

253　第一个气人的条约

各位同学，大家好，我就是那个人见人爱、花见花开、车见车爆胎的姜 sir。

大家好，我就是那个负责问问题的小 Q 同学。

姜 sir：上节我们提到了中国近代史上第一个不平等的条约《南京条约》。

小 Q：看来《南京条约》影响还挺大。

姜 sir：《南京条约》其实是英国人的叫法，因为清朝的时候，不叫南京，叫江宁府，所以这个条约也叫《江宁条约》。

小 Q：当时明明没有南京，英国人为什么叫《南京条约》呢？

姜 sir：这是一个习惯性称呼。古时候，很多城市的名字是会变的，"南京"也一样。南京在历史上先后有金陵、建业、集庆、江宁等几十个称呼。南北朝时期有一句诗，叫"盘岭跨南京"，这是南京这个词语首次出现，但只是诗句中的语言，并不是具体地名。现在一般认为南京城正式命名是在明朝。"南京"的意思就是"南部的大都市"，在很长一段时间里，南京都是繁华的陪都。

小Q：什么是陪都？

姜sir：陪都，是指首都之外另外设置的副都，陪都一般和首都一起被称为"两京"，比如宋朝的南京是在河南，而不是现在的江苏南京。明朝朱元璋直接将首都就建在了南京，不存在陪都，所以直接称"京师"。可后来朱棣迁都北京后，北京成了京师，南京变成了陪都。到了清朝，南京不再是陪都了，更名为江宁府。可是由于明朝和西方是有一些接触的，当时的南京是中国很富裕发达的城市，外国人对"南京"有着很深刻的印象，所以就一直称呼它为"南京"。

小Q：《南京条约》都包括什么内容？

姜sir：《南京条约》的主要内容有：第一，宣布结束战争。两国关系由战争状态进入和平状态，住在对方国家的居民应该受到该国的保护。

小Q：这个还算可以。

姜sir：第二，清朝政府开放广州、厦门、福州、宁波、上海五处为通商口岸，史称"五口通商"，实行自由贸易。

小Q：这是不是就相当于闭关锁国政策结束了？

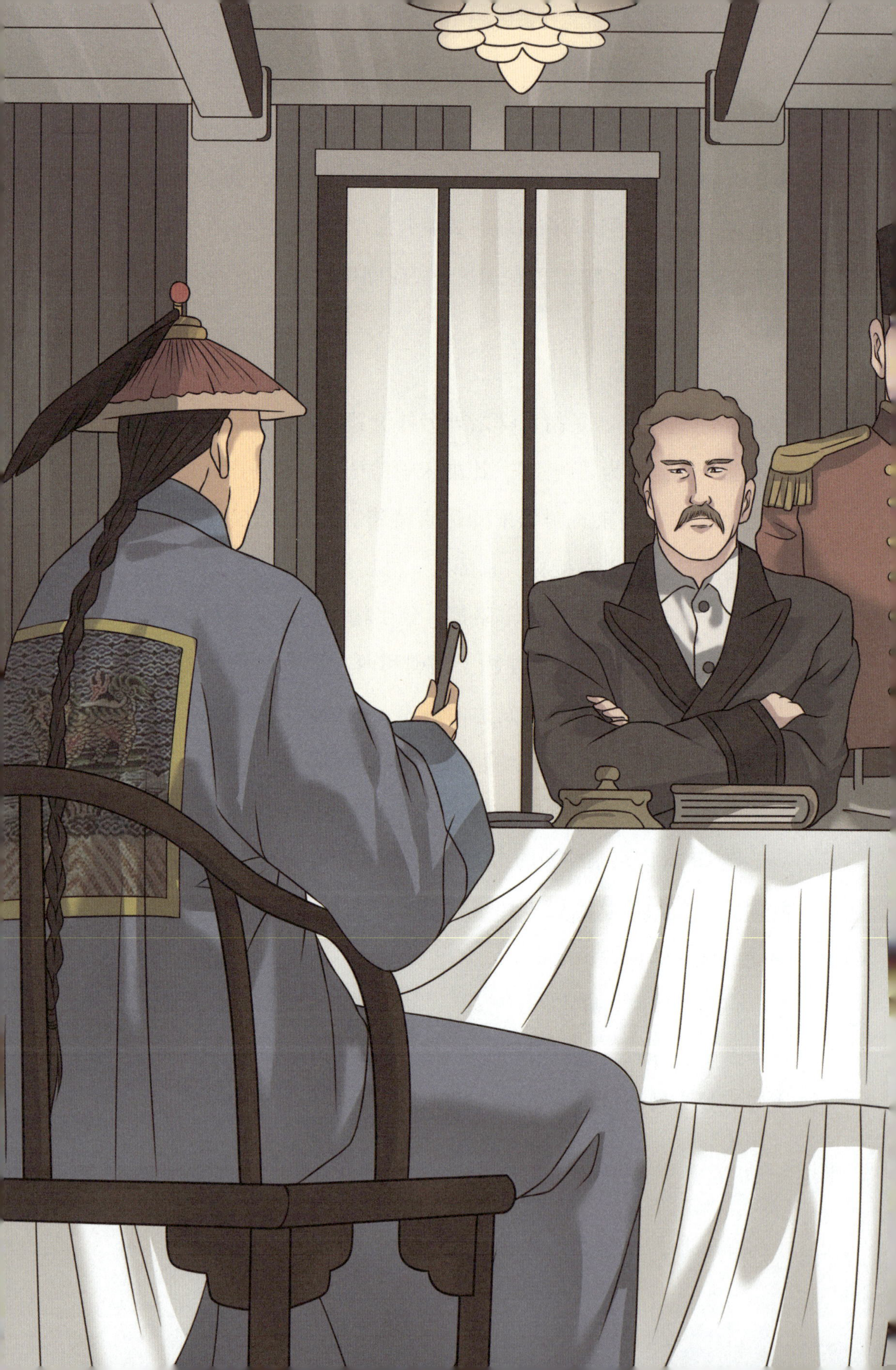

姜 sir：在"五口通商"之前，清朝并不是与外部世界一点儿都不来往。清朝保留了一个通商口岸实行"一口通商"，这个口岸就是广州，只有在广州粤海关的贸易，才是合法贸易。在粤海关之下，又有相关联的"十三行"，它们是清政府特许经营对外贸易的商行。十三行不是指十三家洋行，数量时有变化，最多时达二十六家，最少时只有四家。这些商行就是外国商人和粤海关之间的中介。十三行是清政府和外国商人之间联系沟通的桥梁，但所有的交易都得由十三行经手，就必然会出现一些不公平的现象。五口通商后，十三行也就逐渐走向没落了。

《南京条约》共十三条内容，除了开放五口通商外，清政府还被迫割让香港岛，以及赔偿对方2100万银元。并且条件还规定，英商进出口的货物缴纳的税款，以后中国需要和英国商量。这意味着中国的关税自主权开始丧失。关税收多少钱，你自己说了不算，人家可以不让你多收税，然后再把大量的产品卖到中国来。

此外，以口头协议约定中英民间"诉讼之事"，"英商归英国自理"，最简单的理解就是，英国人在中国犯法了，归英国管，不归清朝管。中国的司法主权开始丧失。别人在自己的地盘上犯法，自己国家的法律却管不了人家。

还有这2100万银元的赔款也不是小数目，其中600万银元赔偿被烧的鸦片，1200万银元赔偿英国的军费，300万银元偿还商人债务。分4年还清，到期还不清的，加利息。

小Q：你打我，你往我国家卖鸦片，我还得还你钱，凭什么？！

姜sir：别忘了还要割香港岛。

小Q：唉，落后就要挨打。

姜sir：此后，法国和美国也模仿英国，与中国签订了中法《黄埔条约》和中美《望厦条约》，进一步破坏了中国的司法、关税、领海的自主权。

《南京条约》签订前，中国是一个经济上自给自足的国家，但签订后，中国被卷入了世界市场。签订前，中国社会的主要矛盾，是统治阶级和农民阶级的矛盾；签订后，转变为外国殖民者和中国人民之间的矛盾。接下来一场反对清朝封建统治和外国侵略的农民起义战争就要打响了，是什么呢？我们下节见。

254 后院着火了

姜 sir： 各位同学，大家好，我就是那个人见人爱、花见花开、车见车爆胎的姜 sir。

小 Q： 大家好，我就是那个负责问问题的小 Q 同学。

姜 sir： 上节我们说到清朝政府在鸦片战争后和英国、法国、美国都签订了不平等条约，西方国家的产品大量涌进中国。由于西方国家经历了工业革命，比如他们已经有了纺织机，基本实现了用机器进行操作，所以生产的布便宜质量又好，这种布就叫"洋布"；而中国依然是手工纺织，这种本国手工纺织出来的布当时叫"土布"。

小 Q： 洋布对土布的冲击很大吗？

姜 sir： 洋布质量高，又便宜，本土传统纺织手工受到沉重打击。类似的情况还有很多。没办法，你做的东西，没人买。

人家去买外国人卖的东西了。所以通商口岸的开放，导致一些人失去了工作。

小Q：大量的人失业，这对国家稳定很不利。

姜sir：1850年的时候，中国的人口已经增加到4亿3000万了。这已经是当时整个社会的人口极限了，这么多人，都是要吃饭的。

小Q：这要是来一场自然灾害，就要出大事了。

姜sir：明清时期，中国曾几度出现大规模极寒天气，被称为"明清小冰期"。当然整个明清小冰期，也不是一直都冷，康乾盛世时期，气候相对来说比较稳定，没有发生大的自然灾害。但是到了道光、咸丰年间，全球气候再次进入一个新的寒冷期，在此期间，汉水、鄱阳湖、洞庭湖都曾发生过结冰的现象。《清史稿》记载咸丰十一年十二月："蒲圻（qí）大雪，平地深五六尺，冻毙人畜甚多，河水皆冰。"

小Q：这得多冷！

姜sir：气候变冷，庄稼没办法成熟，农民没有饭吃。加上外国商品的冲击，很多手工业者失业。还要治理黄河，还要赔英国巨额的钱，手下官员还要贪污。即使皇帝再勤奋、再节俭，但小Q，你说这么多事情聚集到一起，可能会发生什么呢？

小Q：就差有人找个机会，喊个口号，起义就会发生。

姜sir：这个人就叫洪秀全，这次起义就是太平天国运动。洪秀全将西方基督教和中国的民间宗教相结合，创立了"拜上帝会"组织。

小Q：这和白莲教的套路很像啊。口号是不是又是平均分配，不收税？

姜sir：其实在太平天国起义前，全国上下已经爆发了很多次农民起义了，但都没有太平天国的规模大。因为太平天国的口号是："天下一家，同享太平，无处不均匀，无人不饱暖。"有了这样的口号，再加上特殊的历史时期，自然吸引了大量的人加入起义队伍。1851年年初，洪秀全在广西桂平县（现桂平市）金田村率众起义，起义军称"太平军"，建国号"太平天国"。洪秀全称"天王"。1853年3月，太平军占领南京，洪秀全宣布改南京为天京，定都天京，建立了与清朝相对的政权。

小Q：也够迅速的，这就几乎把天下分一半了。

姜sir：最初的动乱，并没有引起清政府的多大重视，直到太平天国出动北伐军，清政府才意识到，这是要取代我啊。1853年5月，林凤祥、李开芳等率两万多太平军进行北伐，一度进军至天津附近。但因为孤军深入，再加上清军四面围攻，北伐军兵力损失严重，最终于1855年3月被打败。

小Q：两万人就敢孤军深入北伐，太不明智了。

太平天国

姜sir：还有就是，太平天国的集团领导也开始骄傲自满起来，原来的进取精神渐渐衰退，内斗几乎一直没停止过。太平天国创业初期，有八位人物贡献最大，被后世称为"首义八大王"，其中竟有四位死于内斗。

小Q：这基本就是按照农民起义失败的套路在继续。

姜sir：除去内斗，还有腐败。太平天国定都天京后，那些穷苦出身的将领迅速堕落，骄奢淫逸一点儿都不亚于他们所反对的清廷。洪秀全作为天王，刚入城第一个月就征调上万民工，开始给自己修建王府。攻占天京后，洪秀全开始闭门不出，尽情地享受。"二把手"东王杨秀清每次出行要乘坐四十八人抬的大黄轿。他的轿子分为上下两层，上层是他休息的起居室，下层相当于会议室。天气热的时候，轿子上面还会放置玻璃缸，里面装上凉水，以降低轿子内部的温度。兴之所至之时，玻璃缸内还要养上金鱼。每逢出行，就要准备盛大的仪仗队，开路要用三十六节的长龙灯，再加上街牌、各种旗帜、各种灯具、各种伞具，集齐两百对之后，东王的大轿才缓缓走在中间。此后还有殿后的令旗、锣鼓队，等等。这还不包括大量的骑兵、步兵等组成的护卫。他还特别喜欢封王，据说前后封了2700多个王。王爷所到之处，老百姓都要回避，来不及回避的要就地下跪，因为当时王爷太多，老百姓都迎不过来，就有了民谣："王爷遍地走，外小（小民）

泪直流。"

小Q：清朝皇帝还没这样呢。

姜sir：到了太平天国后期，老百姓对这个日益腐败的新政权渐渐失去信心，太平天国本就处在内忧外患之中，再失民心，就更难支撑下去。1864年8月，太平天国首都天京被攻陷，历时14年的太平天国运动以失败告终。那么清朝又是怎样打败太平天国的呢？我们下节见。

255 八旗军战斗力哪去了?

各位同学,大家好,我就是那个人见人爱、花见花开、车见车爆胎的姜 sir。

大家好,我就是那个负责问问题的小 Q 同学。

姜 sir:上节我们说到了太平天国运动,太平天国运动对清朝的冲击是非常大的。因为太平天国起义后,清政府发现曾经打天下的八旗军队的战斗力已经非常弱了,所以朝廷只能放权给一些汉人官员。就这样,一批名臣走上了历史舞台。

小 Q:当年努尔哈赤的八旗军队很厉害啊,怎么战斗力就变弱了?

姜 sir:当初推翻明朝的时候,八旗还是游牧民族的生活方式,所有人都会骑马射箭,这也是满族的传统。但是天下打下来后,对骑马射箭的能力要求就降低了,训练也没有那么严格。八旗士兵从当年的战士变成了现在的贵族，他们更愿意追求享受的生活，军队的实力逐渐减弱。

小Q：可是他们的福利待遇应该很高吧？

姜sir：八旗兵每月有2两银子的军饷，就是工资。还有一些会更多。每人每月有30公斤粮食，即使不打仗时期，这些也都会给。家里有男孩出生可以领到24两补贴，结婚时还能领到20两，死了还能有30两。每家的男孩每月还能领5两生活费。如果一个男子活五十岁，他一辈子大约可以拿到3100两银子，粗略估算，相当于现在的人民币250万元左右。

小Q：难怪战斗力减弱了。

姜sir：其实清朝有一支重要的战斗力，叫绿营。它是由清朝在统一全国过程中收编的明朝军队及其他汉兵共同组成的一支国家常备军，仅次于八旗的武装力量。因为八旗军以骑兵为主，绿营是以步兵为主。山地丛林的作战，八旗军就更没有绿营兵有优势了。八旗军的强项在于骑马射箭，但是遇到山地，马上不了山，弓箭又在树林中失去了优势。而步兵就很适合山地作战。清代前期，比如平定三藩的时候，绿营就成为清朝战场的主要战斗力。

小Q：那八旗战斗力减弱了，绿营的战斗力也减弱了吗？

姜sir：在康熙到乾隆时期，绿营兵力基本是在60万上下。到嘉庆时期的白莲教起义，全国有66万绿营兵，但是，同时期只有不到20万的八旗兵,那清朝的统治者肯定会对绿营兵进行防范,比如分兵,把一个镇拆成四个镇。

小Q:什么是镇?

姜sir:镇相当于一个军事单位。清朝当时是打下一个省,就在省内组建一个镇,当叛乱发生时,最近的"镇"就可以派兵去镇压。康熙年间,全国18个省总共建立了54个镇,重要的省有多个镇,比如广东省建立了8个镇。

小Q:他们把绿营的镇拆小,人数就变少,造反的可能性就减弱了,对不对?

姜sir:一个2万人的镇,分成4份,每个镇才5000人,造反的实力明显小了。同时绿营兵的地位也不如八旗兵,不打仗的时候,押送犯人、抓小偷强盗。闹蝗虫的时候,绿营兵还得去抓虫救灾。好的装备也不会分给绿营,工资也不怎么涨,职位也不怎么升。并且后来绿营兵也开始学着吸鸦片,吃喝玩乐,基本没什么战斗力了。

小Q:那太平天国是靠着什么部队平定下来的呢?

姜sir:八旗和绿营都指不上了,就得重用团练了。团练其实就相当于当地的民兵。团练在太平天国起义前就有,镇压白莲教,各个地区的团练就起到了很大的作用。随着太平天国的势力越来越大,清政府将镇压叛乱的希望寄托在团练制度上,下令各个地区大力发展武装力量,为国效力。于是

綠營火槍手

曾国藩便将整个湖南的财力、人力、物力整合到了一起，组建了湘军，这支部队最终发展成为对抗太平天国的重要力量。

小Q： 那这些地方武装最后会造反，反对清朝吗？

姜sir： 许多地方上的势力尽管对清朝的一些方面不太满意，但他们对清朝是非常忠心的。因为他们是可以做官的，并不是看不到希望。还有，他们自身所受的儒家教育培养了他们的忠君思想，他们批评政府，只不过是希望清政府能够做一些改革；但对于农民起义，他们认为应该坚决镇压。所以有人说曾国藩的湘军，是强行给清朝续了命，没有曾国藩，清朝早就灭亡了。曾国藩到底是谁呢？他优秀在哪里呢？我们下节见。

256 天赋不够，努力来凑

各位同学，大家好，我就是那个人见人爱、花见花开、车见车爆胎的姜 sir。

大家好，我就是那个负责问问题的小 Q 同学。

姜 sir：上节我们提到了晚清名臣曾国藩，他的出现，就像一针强心剂，给清朝又续命了几十年。中国近现代很多名人都是曾国藩的崇拜者，梁启超就曾称他为"有史以来不一二睹之大人"，意思是说他是有史以来难得一见的伟大的人。

小 Q：曾国藩这么厉害，他都做了什么呢？

姜 sir：曾国藩他们家往上数，一直到宋朝，都没有一个做过官的人，甚至连个读书人都没有。到了曾国藩爷爷这里，通过努力奋斗，成为一个地主，才在当地有了点儿影响力。曾国藩的父亲十几岁开始赶考，却连个秀才都中不了。爷爷觉得家里怎么着也得出个举人，就把希望寄托在了曾国藩身上。但曾国藩从十四岁开始参加考试，光为了成为秀才，他就一共考了七次。

小Q：我还以为会连中三元。

姜sir：尤其在第六次没考上的时候，曾国藩的文章还被当成了反面典型，放到现在几乎就是0分作文，并且还被公开给考生看。

小Q：这多没面子啊。

姜sir：曾国藩后来回忆说这是自己人生的第一次挫折。但他并没有放弃，而是总结自己错在哪儿，哪里跌倒，就在哪里爬起来。曾国藩总结说自己的确不聪明，甚至民间一直流传着一个曾国藩如何不聪明的小笑话。据传，曾国藩从小读书非常刻苦，每天不背下一篇文章不睡觉。有一天傍晚，他在背《岳阳楼记》。有一个小偷，爬到他家房上，准备等曾国藩家人都睡着后偷东西。结果没想到，曾国藩怎么也背不下来。小偷等得都在房上睡着了，醒来一看，曾国藩还在那儿背呢，小偷实在忍不住了，从房上跳了下来，指着曾国藩说："你怎么这么笨，我都背下来了，让我给你背一遍！"说着，从头背到尾。

小Q：我对曾国藩越来越感兴趣了，他是怎么一步一步走向成功的呢？

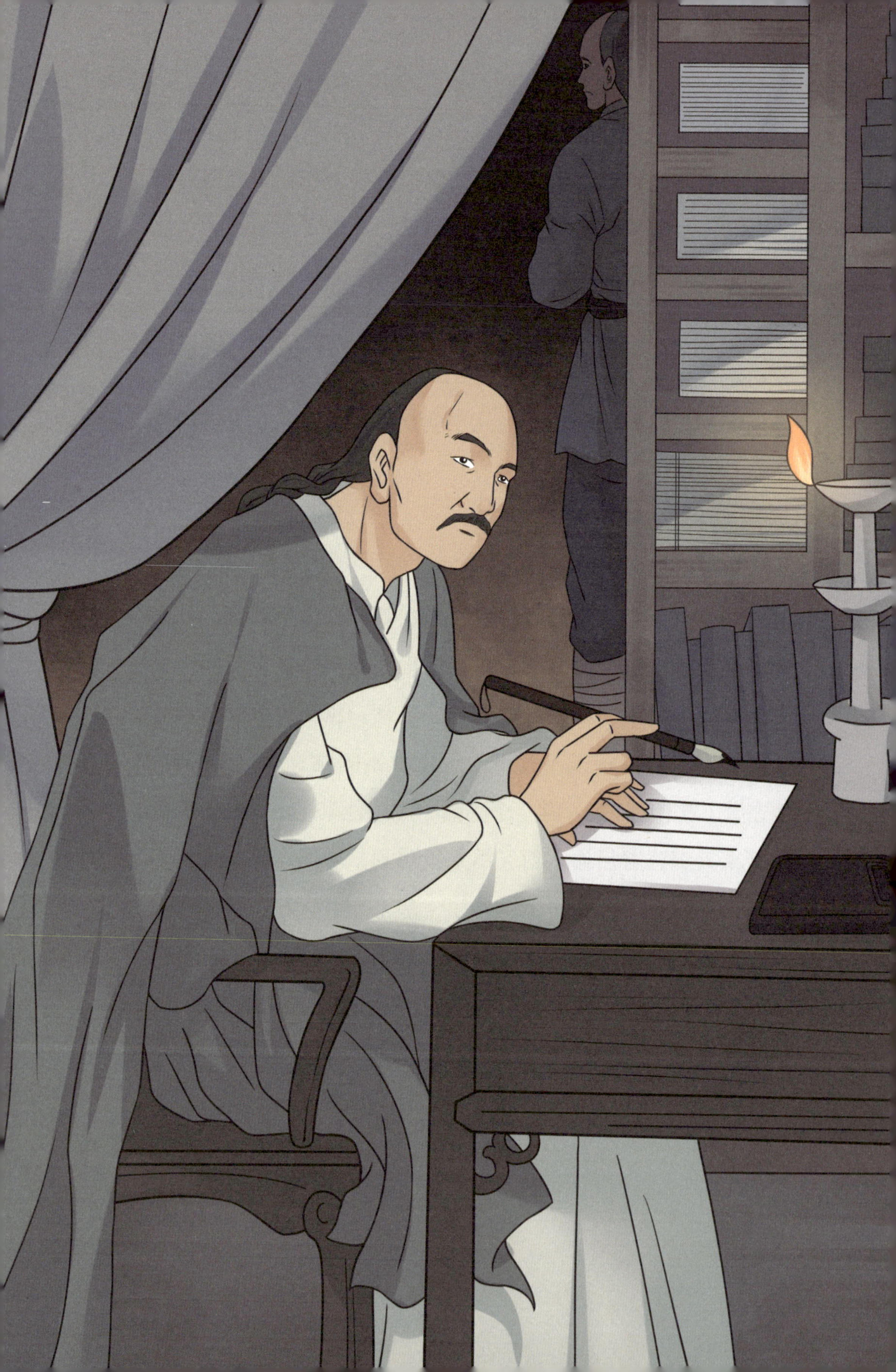

姜 sir：曾国藩告诉自己，既然我不够聪明，就要比别人更努力。他把自己写过的文章和那些优秀的作品放在一起反复对比，努力找差距，最终第七次考中了。而接下来的考试，一次就考中了，当上了举人。到1838年，曾国藩考中了进士。那一年，他二十八岁。

小 Q：真是逆袭。

姜 sir：曾国藩有一个优点，就是知道自己不够聪明，所以从不想着去走捷径，而是稳扎稳打。因为自己没有小聪明可以耍。

小 Q：其实耍小聪明也不是真聪明。

姜 sir：爱耍小聪明的人不愿意下功夫，遇到困难绕着走，基础打得不够牢。像曾国藩这种，看起来慢，其实越到后来就越快，就像盖房子，人家基础打得牢，后面盖得也会高。

小 Q：我以后学习也要稳一点。

姜 sir：曾国藩后来到了翰林院当官，级别不高，任务基本还是读书学习。因为这里的官员，本身就是留给以后重用的。在翰林院期间，曾国藩不仅开始大量读书，还试着去克服自身的缺点。经过一段时间后，曾国藩整个人的气质、性格都慢慢发生了转变，做事越来越有毅力，对身边的人也特别真诚，朋友一天比一天多。

小 Q：一个人能成功，毅力实在是太重要了。

姜 sir：曾国藩用他自己的实践证明，一个天资非常普通的人，只要肯坚持读书学习，他的胸襟、见识、气质都会发生转变。等到了三十七岁，曾国藩已经创下了整个湖南人在清朝的升官纪录，"湖南三十七岁至二品者，本朝尚无一人"，同时也得到了道光皇帝的欣赏。1849年，曾国藩已经当上了礼部侍郎。

小 Q：曾国藩一定很开心吧？

姜 sir：他一点儿都不开心，甚至想辞职。因为那个时候清政府内部已经非常黑暗了，很多官员除了贪污，什么都不干。而曾国藩的官职并不能影响什么。改革？自己地位还不够。偶尔提点儿意见，也不起作用。眼看着国家一天天走下坡路，曾国藩感觉太难受了。1850年，道光皇帝去世，咸丰皇帝登基了。新皇帝，新气象。咸丰皇帝登基后，让大家积极提意见，他一定会虚心接受。

小 Q：这下曾国藩的机会来了吧？

姜 sir：曾国藩马上写了一封《应诏陈言疏》，把自己的想法都说出来了。这道奏折让咸丰对曾国藩也产生了好感。得到新皇帝的欣赏，曾国藩大受鼓舞。他又连着上了好几道奏折，提了很多建议。

小 Q：我怎么有种不祥的预感。

姜 sir：曾国藩以为咸丰会是一个雄才大略的明君，可是后来的事实证明，咸丰只是一个平庸的人。曾国藩的那些建议最后都是有始无终，不了了之。而这个时候，曾国藩又写了一封奏折，希望皇帝能明白他的良苦用心，所以用词比较激烈，指出了皇帝的一些毛病。咸丰皇帝是一个特别自卑敏感的人，看了奏折后大发雷霆，就要把曾国藩抓起来治罪。在诸位大臣的求情下，他才放过了曾国藩，但接下来曾国藩的路还好走吗？是什么样的机会让曾国藩重新崛起呢？我们下节见。